Eis & Sorbets selbst gemacht

TEXT | FOTOS
CHRISTINA RICHON | JANA LIEBENSTEIN

004 SERVICE

Die kleine Eisschule

Eis, Parfait, Sorbet oder Granité – eröffnen Sie Ihr kreatives Eislabor. Selbst gemachtes Eis schmeckt einfach am allerbesten!

Frisch, voller Aromen und bester Zutaten und frei von Konservierungsstoffen: Das ist Eisgenuss pur! Dank moderner Eismaschinen ist es heute kinderleicht, köstliches Eis mit wenigen Handgriffen und in kurzer Zeit selbst herzustellen. Selbst gemachtes Eis ist nicht nur köstlich, sondern auch ideal für alle, die von Lebensmittelunverträglichkeiten und Allergien geplagt werden. Eisfans können ihre Lieblingszutaten mixen und Zusatzstoffe sowie künstliche Aromen meiden. Selbst gemachtes Eis enthält keine Konservierungsstoffe, darum sollte es so bald wie möglich gegessen werden – kein Problem bei den tollen Rezepten! Im Tiefkühlfach hält es sich in einer gut verschlossenen Gefrierbox eine Woche. Angetautes Eis bitte nicht wieder tiefkühlen, sondern einfach aufessen.

Eis aus eigener Produktion ist günstig, denn die Basiszutaten sind nicht teuer und meist im Vorrat. Wer Eis selbst macht, kann nur die allerbesten und frischesten Zutaten verwenden. Und: Der Sortenvielfalt sind fast keine Grenzen gesetzt. Sie können experimentieren und immer wieder neue Kombinationen kreieren. So abwechslungsreich und auf Ihren Geschmack abgestimmt kann kein gekauftes Eis sein.

Milch- und Cremeeis wird vorwiegend aus Milch und ganz frischen Eiern bzw. Eigelben hergestellt. Natürliche Zutaten wie echte Vanille oder aromatische Fruchtpürees verleihen dem Eis seinen Geschmack.

Sahneeis ist ein reichhaltiges, wunderbar cremiges, geschmacksintensives Eis, da der hohe Fettgehalt als Geschmacksträger fungiert. Es sollte mindestens 60 % Sahne enthalten.

Parfait ist ein gefrorenes Sahnedessert, das ohne Eismaschine gemacht werden kann. Geschlagene Sahne, Eigelb und/oder Eischnee sorgen für Cremigkeit und verhindern beim Gefrieren die Bildung von Eiskristallen. Parfait wird in kleinen Förmchen oder in einer großen Eisform tiefgekühlt und kurz vor dem Servieren gestürzt.

Sorbet wird aus Zucker, Fruchtsaft, Fruchtmark, Wasser, Wein oder anderem Alkohol hergestellt. Alkohol verleiht Sorbet eine cremigere Konsistenz, weil er den Gefrierpunkt senkt. Am besten nur so viel Sorbet herstellen, wie man am selben oder spätestens am nächsten Tag servieren will. Danach bilden sich Eiskristalle und mindern den Sorbet-Genuss.

Granité oder Granita wird ebenfalls aus Fruchtsaft, Kaffee oder Tee und Zuckersirup zubereitet. Dieses ziemlich grobkörnige Eis wird unter häufigem Rühren nach und nach tiefgefroren. Zum Servieren schabt man Granité mit einem stabilen Löffel ab.

Frozen Yogurt ist eine Zubereitung, die hauptsächlich aus Joghurt gemacht wird. Frozen Yogurt enthält meist weniger Fett als Cremeeis, dadurch ist er auch etwas kristalliner.

1
2
3
4
5
6
7
8
Cuisinart
Cuisinart

Nützliche Helfer für die Eiszubereitung

1 | Schneebesen und Gummischaber

Zwei unverzichtbare Helfer für die hauseigene Gelateria. Ein solider Schneebesen schlägt die Eiermassen über dem Wasserbad schön schaumig auf. Der Gummischaber holt jeden Rest aus dem Schlagkessel und das fertige Eis aus dem Behälter der Eismaschine.

2 | Pürierstab und Mixer

Diese zwei elektrischen Geräte mixen, pürieren und zerkleinern Fruchtmassen, Nüsse, Schokolade. Sie verleihen den Eismassen oder Fruchtpürees eine weiche Konsistenz und sorgen für cremiges Eis.

3 | Küchenthermometer

Hilfreich zum Überprüfen der Temperatur beim Aufschlagen der Eiermasse über dem heißen Wasserbad. Die perfekte Temperatur liegt bei 75 – 80°. Diese Temperatur sollte nicht überschritten werden, sonst wird Rührei daraus.

4 | Eismaschine

Für cremiges Eis brauchen Sie eine Eismaschine, da die Eismasse während des Gefrierens regelmäßig gerührt werden muss. Eismaschinen mit Kompressor besitzen ein integriertes Kühlaggregat und verarbeiten die Zutaten schnell zu wunderbar cremigem Eis. Allerdings haben sie auch ihren Preis. Günstiger und etwas weniger komfortabel sind Eismaschinen mit Kühlakku. Hier muss das Kühlelement vorher ca. 18 Std. in das Tiefkühlfach gelegt werden. Bei Verwendung dieser Maschine sollte die Eismasse vorab mindestens 12 Std. gekühlt werden, wobei es generell ratsam ist, die Eismasse vor dem Einfüllen in die Eismaschine zu kühlen. Wenn es schnell gehen soll, die Eismasse 15 Min. in das Tiefkühlfach stellen, bevor sie in der Eismaschine zu Eis verwandelt wird. Je nach Maschine gefrieren die Eiszubereitungen in 30 bis 60 Minuten. Bitte lesen Sie die Gebrauchsanweisung.

5 | Rührschüssel

Eine hitzefeste Rührschüssel, am besten aus Edelstahl, ist ideal für ein heißes Wasserbad. Der spezielle Schlagkessel hat einen runden Boden, dadurch lassen sich die Eismassen mit dem Schneebesen besonders gut aufschlagen.

6 | Eisportionierer

Hier gibt es verschiedene Ausführungen, Größen, Materialien und Formen. Sie bringen das fertige Eis in die gewünschte Form. Damit das Abstechen gut gelingt, den Portionierer immer wieder in heißes Wasser tauchen.

7 | Gefrierboxen mit Deckel

Unverzichtbar für das Aufbewahren von Eis. Ideal ist eine Box mit ca. 1 l Inhalt. Der Deckel muss gut schließen, damit das Eis keine fremden Aromen annimmt. Für Rezepte, in denen Eis marmoriert wird, ist eine längliche Box praktisch.

8 | Eisformen und -förmchen

Für Parfaits, die in der Form gefroren werden. Für Eisdesserts eignet sich eine Kuchenform oder Eisbombenform. Das frisch gefrorene Eis in die Form streichen und 1 Std. gefrieren. Die Form kurz in heißes Wasser tauchen und das Parfait stürzen. Für Eis am Stiel eignen sich Ice-Pops-Formen aus Kunststoff.

Beste Zutaten für die hauseigene Gelateria

Mit ein bisschen Know-how zaubern Sie im Handumdrehen eisig-cremige Erfrischungen. Jedes Eis oder Sorbet wird aber nur so gut wie die verwendeten Zutaten. Bestes Aroma und höchste Qualität sind gefordert.

Selbst gemachtes Eis schmeckt frisch am allerbesten, es kann aber in einer gut verschlossenen Gefrierbox im Tiefkühlfach eine Weile aufgehoben werden. Hier gilt: Eis aus rohen Zutaten etwa 1 Woche, Eis aus teilweise gekochten Zutaten etwa 2 Wochen. Sorbets bleiben geschmacklich 1 bis 2 Wochen gut, härten aber nach.

Früchte müssen aromatisch und perfekt gereift, aber nicht überreif sein, das beeinträchtigt den Geschmack. Beschädigte und faule Stellen großzügig herausschneiden.

Milchprodukte sollten ganz frisch und von höchster Qualität sein. Sahne ist ein exzellenter Geschmacksträger und verfeinert die Struktur des Eises. Schmand, Mascarpone oder Sahnejoghurt intensivieren durch ihren Fettgehalt ebenfalls den Geschmack. Vollmilch- oder Naturjoghurt mit einem Fettgehalt von ca. 3,8 % ist für die Eisherstellung ideal. Eis aus fettarmem Joghurt wird etwas kristalliner und sollte am besten gleich gegessen werden.

Eier müssen absolut frisch sein. Sie festigen die Struktur der Eiscreme, und vor allem Eigelb verfeinert den Geschmack durch seinen Fettgehalt. Eigelb fungiert zudem als Emulgator und verbindet Wasser und Fett – es ist somit für die cremige Konsistenz verantwortlich.

Schokolade bringt Geschmack und Aroma in Ihr Eis, außerdem enthält sie oft Pflanzenlezithin, was als Emulgator in der Eismasse wirkt.

Alkohol gibt Sorbet eine angenehme Konsistenz, weil er den Gefrierpunkt senkt. Außerdem kann er interessante Geschmacksnoten ins Eis zaubern. Falls Kinder mitessen, den Alkohol durch Fruchtsirup, Saftkonzentrat oder Konfitüre ersetzen.

Süßungsmittel wie Honig, Sirup und besonders Invertzucker machen Eis und Sorbet cremiger als normaler Haushaltszucker. Es lohnt sich auf jeden Fall, Invertzucker auf Vorrat herzustellen. Sauber abgefüllt hält er so lange wie Honig. In allen Eisrezepten können Sie ein Drittel des Zuckers durch Invertzucker ersetzen, dann wird das Eis noch cremiger. Jedoch nicht mehr als ein Drittel, denn Invertzucker süßt stärker als üblicher Zucker.

Invertzucker selbst gemacht Für ca. 1,3 l Sirup 1 kg Zucker, 500 ml Wasser und 1 ½ TL Zitronen- oder Weinsteinsäure (Apotheke) in einen hohen (die Masse sprudelt stark!) Topf geben. Gut verrühren und auf 70 – 80° erhitzen. Die Temperatur am besten mit einem Küchenthermometer prüfen. Diese Temperatur bei schwacher Hitze ca. 1 ½ Std. konstant halten, dabei ab und zu umrühren. 1 ½ TL Natron hinzufügen (neutralisiert die Weinstein- oder Zitronensäure). Jetzt bildet sich Schaum, der nicht abgeschöpft werden muss. Den Invertzucker abkühlen lassen, in saubere Flaschen füllen und diese verschließen. Hält kühl gelagert jahrelang.

1

2

3

4

5

6

Küchentechnik für eiskalten Genuss

1 | Kaltes Wasserbad

Eine große Schüssel mit Wasser und Eiswürfeln füllen. Die Schüssel mit der zur Rose abgezogenen Eismasse in das eiskalte Wasserbad stellen. Die warme Eismasse in ca. 8 Min. kalt rühren und dann nach Rezept weiter verarbeiten.

2 | Schokolade schmelzen

Ein heißes Wasserbad vorbereiten. Die Schokolade mit einem Messer grob hacken und in eine Schüssel aus Edelstahl oder einen Schlagkessel geben. Die Schüssel auf den Topf setzen und die Schokolade unter gelegentlichem Rühren langsam schmelzen. Es darf kein Wasser in die Schüssel mit der Schokolade kommen.

3 | Heißes Wasserbad

Einen Topf bis knapp zur Hälfte mit Wasser füllen und dieses zum Sieden bringen. Eine passende, hitzefeste Rührschüssel (z. B. aus Edelstahl) oder einen Schlagkessel mit rundem Boden auf den Topf setzen. Die Schüssel soll das Wasser nicht berühren. Die Hitze reduzieren, das Wasser soll nicht kochen. Die Masse wird allein durch den aufsteigenden heißen Dampf erhitzt.

4 | Zur Rose abziehen

Ein wichtiger Schritt bei der Herstellung von Cremeeis. Durch das Aufschlagen mit dem Schneebesen der Eier-Sahne- oder Milchmischung über dem heißen Wasserbad emulgiert das Ei mit der Flüssigkeit und wird zu einer puddingähnlichen Masse. Dies kann je nach Zutaten und Menge 10 Min. dauern. Die Masse bindet bei 75 – 80°. Diese Temperatur darf nicht überschritten werden – am besten mit dem Küchenthermometer prüfen – denn sonst stockt das Ei. Taucht man einen Gummispatel oder Holzlöffel in die gebundene Masse und pustet darauf, entsteht ein Muster, das an eine Rose erinnert. Oder man zieht mit dem Finger eine Linie durch die am Spatel oder Löffel haftende Masse, deren Ränder nicht verlaufen dürfen.

5 | Karamellisieren

Zum Karamellisieren kann normaler weißer Haushaltszucker, Zuckerrohrzucker oder Puderzucker verwendet werden. Je nach Rezept Zucker mit oder ohne Wasser in einem Topf bei mittlerer Hitze erhitzen und köcheln lassen, bis er sich aufgelöst hat und die Mischung bernsteinfarben geworden ist. Den Topf hin und her bewegen, sodass der Zucker überall karamellisiert. Zum Rühren am besten einen Holzlöffel nehmen. Beim eventuellen Ablöschen des Karamells ist Vorsicht geboten, es kann spritzen, da der Karamell sehr heiß ist.

6 | Sirup herstellen

Eis, Parfaits oder Sorbets können mit Zuckersirup gesüßt und aromatisiert werden. Ein tolles Aroma bekommt Sirup beispielsweise durch Zitrussaft und -schale, Vanilleschote oder Gewürze. Für 500 ml Zitronensirup 150 ml Zitronensaft (von 3 – 4 Zitronen) und die abgeriebene Schale von 1 Bio-Zitrone mit 100 ml Wasser und 250 g Zucker in einem Topf erhitzen. Unter Rühren aufkochen, bis sich der Zucker aufgelöst hat. Weitere 5 Min. köcheln lassen. Durch ein Sieb in eine saubere Flasche gießen. Der abgekühlte Sirup hält im Kühlschrank etwa 1 Woche.

Cremige Karamellsauce

toppt jedes Eis – und zwar kalt oder heiß

Für 6 Portionen **100 g Zucker** mit **3 EL Wasser** in einer Pfanne bei mittlerer Hitze bernsteinfarben karamellisieren lassen (siehe Seite 11). **50 g gesalzene Butter (ersatzweise normale Butter mit 2 Prisen Fleur de sel)** und **2 EL Mascarpone** dazugeben. Die Zutaten mit einem Holzlöffel glatt rühren.

Clever aufbewahren

Diese cremige Karamellsauce hält sich in einem sauberen Gläschen im Kühlschrank ca. 1 Woche. Das Glas einfach in ein heißes Wasserbad stellen, schon ist die warme Karamellsauce fertig.

Grappa-Rosinen

idealer Begleiter zu Vanille-, Mascarpone-, Curry- oder Tonkabohneneis

Für 6 Portionen **40 g helle Rosinen** in einer kleinen Schüssel mit **1 EL Zitronensaft** mischen. **3 EL Honig** mit **2 – 3 EL Grappa** in einer kleinen Pfanne erhitzen. Die marinierten Rosinen unter die Honig-Grappa-Mischung rühren. Bei schwacher Hitze etwa 10 Min. darin ziehen lassen. Heiß oder kalt zu cremigem Eis oder Parfait servieren.

Schneller Orangen-Coulis

fein zu Schokoladen-, Pistazien- und Kardamomeis oder Frozen Yogurt

Für 6 Portionen **1 Bio-Orange** heiß waschen, abtrocknen und die Schale fein abreiben. Die Bio-Orange und **1 weitere Orange** auspressen. Den Orangensaft mit **5 EL Orangenmarmelade** in einem Topf verrühren. Aufkochen lassen und ca. 5 Min. köcheln lassen. Die Sauce soll leicht sirupartig sein. Die **abgeriebene Schale** und nach Belieben **2 EL Orangenlikör** unterrühren. Auskühlen lassen.

Mango in Zitronengras-Sirup

voller Aromen – passt gut zu Joghurt- oder Mascarpone-Eis

Für 6 Portionen **5 Stängel Zitronengras** waschen und mit einem Topfboden leicht andrücken, in große Stücke schneiden. Mit **60 g Zucker**, dem ausgekratzten **Mark von 1 Vanilleschote und der Schote** in einen Topf geben. **200 ml Wasser** dazugeben, aufkochen und bei schwacher Hitze ca. 10 Min. köcheln lassen. 30 Min. ziehen lassen. Den Sirup durch ein Sieb gießen und mit **2 EL Limettensaft** und **1 EL Rosenwasser** (Apotheke) mischen. **1 Mango** (ca. 350 g) schälen, das Fruchtfleisch würfeln und mit **250 g Himbeeren** und **2 EL Thai-Basilikum-Blättern** unter den Sirup mischen. 1 Std. kalt stellen.

Klassische Waffelhörnchen

wie vom Profi – mit dem Hörnchen-Waffeleisen

Für 10 Stück **50 g Puderzucker**, **2 Eiweiß**, **3 EL Blüten- oder Fruchtsirup** (nach Geschmack), **80 g Mehl** und **3 EL Wasser** in einer Schüssel mit dem Schneebesen verrühren. **75 g zerlassene und abgekühlte Butter** unterrühren. Den Teig ca. 15 Min. ruhen lassen. Das Hörnchen-Waffeleisen vorheizen. Je ca. 2 EL Teig in die Mitte des Waffeleisens geben. Das Gerät schließen, den Deckel fest andrücken. Die Waffel leicht bräunen lassen. Waffel herausnehmen und noch warm um den Kegel wickeln, fest andrücken und auskühlen lassen. Für Waffelkörbchen die heiße Waffel auf eine umgedrehte Espressotasse legen. Mit den Fingerspitzen vorsichtig an die Tasse drücken. Abkühlen lassen.

Knusprige Pistazien-Hippen

Feines zum Befüllen mit Eis

Für 16 Stück **25 g Mehl**, **1 Prise Salz**, **75 g Zucker**, **25 g fein gehackte Pistazien** und **3 EL Wasser** in einer Schüssel verrühren. **25 g zerlassene und abgekühlte Butter** unterrühren. Teig 1 Std. kalt stellen. Backofen auf 170° vorheizen. Ein Backblech mit Backpapier auslegen. Für 4 Hippen je ½ EL Teig zu einem Kreis von ca. 5 cm Ø ausstreichen. Im Ofen (Mitte) ca. 5 Min. backen, bis sich Bläschen auf der Oberfläche bilden. Herausnehmen, auf dem Papier auskühlen lassen. Die nächsten Teigportionen ebenso vorbacken. Die vorgebackenen Hippen nacheinander im Ofen in je 4 – 5 Min. goldgelb fertig backen. Noch warm über ein Nudelholz legen, 5 Min. abkühlen lassen, dann auf ein Kuchengitter setzen.

Hauchdünne Schokoladenschalen

für unverbesserliche Schokoladen-Fans

Für 8 Schokoladenschalen **125 g Zartbitterkuvertüre** über dem heißen Wasserbad schmelzen (siehe Seite 11). 1 EL flüssige Schokolade in ein **Papierförmchen** von ca. 6 cm Ø geben. Ein zweites Papierförmchen hineinsetzen. Den Boden sorgfältig andrücken, sodass die Schokolade zu einem ca. 1,5 cm hohen Rand hochgedrückt wird. 7 weitere Schalen herstellen und ca. 1 Std. in den Kühlschrank stellen. Kurz vor dem Servieren die Papierförmchen vorsichtig lösen. Eiskugeln abstechen und in den Schokoladenschälchen servieren.

Gebrannte Mandeln

Knusper-Topping zu cremigem Eis

Für 6–8 Portionen **100 g Zucker** und **1 Päckchen Vanillezucker** mit **100 ml Wasser** in einer Pfanne aufkochen lassen. **100 g ungeschälte Mandeln** dazugeben und unter Rühren bei mittlerer Hitze so lange kochen, bis der Zucker karamellisiert (siehe Seite 11). **½ TL Zimtpulver** und **2 – 3 Prisen frisch geriebene Muskatnuss** dazugeben. Weiterrühren, bis alle Mandeln gleichmäßig mit Karamell überzogen sind. Auf ein doppelt gefaltetes Blatt Backpapier geben und auskühlen lassen.

DIE KLASSIKER

An diesen eiskalten Alltime-Classics kommt keiner vorbei! Hier gibt's Rezepte für feines Vanilleeis, cremiges Schokoladeneis, erfrischendes Erdbeer- und Kirscheis, zart schmelzendes Stracciatella- und Pistazieneis. Und Köstlichkeiten mit Joghurt, Quark, Nüssen, Kaffee, Honig … Der perfekte Einstieg für die Gelateria daheim: Auf diese Rezepte sind alle heiß!

Allerfeinstes Vanilleeis

Everybody's Darling!

Zubereitung: ca. 25 Min. | Kühlen: ca. 12 Std. | Gefrieren: ca. 40 Min. | Pro Portion: ca. 280 kcal

Für 6 Portionen (ca. 650 g)

1 Tahiti-Vanilleschote
200 ml Vollmilch
300 g Sahne
4 Eigelb (Größe M)
90 g Zucker

Außerdem:

Eismaschine
Waffelhörnchen (selbst gemacht, siehe S. 14 oder gekauft, nach Belieben)

1 Die Vanilleschote mit einem scharfen Messer längs aufschneiden und das Mark mit dem Messerrücken herauskratzen. Die Milch und die Sahne mit Vanillemark und -schote in einen Topf geben. Die Vanillesahne unter Rühren aufkochen und bei schwacher Hitze ca. 5 Min. köcheln lassen. Beiseitestellen.

2 Die Eigelbe mit dem Zucker in einer hitzebeständigen Rührschüssel mit einem Schneebesen gut verrühren. Die heiße Vanillesahne unter ständigem Rühren in die Eigelbmischung gießen. Über dem heißen Wasserbad (siehe Seite 11) mit dem Schneebesen in ca. 10 Min. cremig aufschlagen. Die Masse in eine kalte Schüssel gießen. Auf ein kaltes Wasserbad setzen (siehe Seite 11) und ca. 10 Min. weiterrühren. Abgedeckt über Nacht in den Kühlschrank stellen.

3 Die Eismischung aus dem Kühlschrank nehmen und die Vanilleschote entfernen. Die Eismasse in die Eismaschine füllen und in ca. 40 Min. cremig fest gefrieren lassen. Das Vanilleeis mit einem Gummispatel aus der Maschine schaben, sofort auf Schälchen oder Waffelhörnchen verteilen und servieren. Oder das Eis in einer Gefrierbox mit Deckel tiefkühlen.

Clever aromatisieren

Für das gewisse Etwas im Vanilleeis sorgt frischer **Lorbeer**. Die ätherischen Öle des Lorbeers heben das Vanillearoma subtil hervor. Dazu ein frisches Lorbeerblatt mit der Vanillesahne aufkochen, 5 Min. köcheln, dann 10 Min. ziehen lassen, das Lorbeerblatt entfernen und wie oben beschrieben weiter verfahren.

Erdbeereis

der Klassiker aus Kindheitstagen

Zubereitung: ca. 25 Min. | Gefrieren: ca. 50 Min. | Pro Portion: ca. 200 kcal

Für 6 Portionen (ca. 700 g)

350 g reife Erdbeeren
½ Zitrone
100 g Erdbeerkonfitüre
200 g Sahne
50 g Zucker

Außerdem:

Eismaschine

1 Die Erdbeeren putzen, waschen, trocken tupfen und klein schneiden. Die halbe Zitrone auspressen. Die Erdbeerstücke mit dem Zitronensaft, der Erdbeerkonfitüre, der Sahne, 75 ml kaltem Wasser und dem Zucker mit dem Pürierstab fein pürieren.

2 Die Eismasse in die Eismaschine füllen und in ca. 50 Min. cremig fest gefrieren lassen. Das Erdbeereis mit einem Gummispatel aus der Maschine schaben, auf Schälchen verteilen und sofort servieren. Oder in einer Gefrierbox mit Deckel in das Tiefkühlfach stellen.

Clever variieren

Noch mehr fruchtiges Erdbeeraroma bekommt das cremige Eis durch die Zugabe von 2–3 EL **gefriergetrockneten Erdbeerscheiben** (aus dem Reformhaus oder in Onlineshops). Diese einrühren, bevor die Masse in die Eismaschine gefüllt wird. Die getrockneten Erdbeerscheiben eignen sich auch gut zum Garnieren.

Kirscheis mit Schokolade

Fruchtige Ice-Pops

Zubereitung: ca. 20 Min. | Gefrieren: mind. 4 Std. | Pro Portion: ca. 210 kcal

Für 6 Eis à 50 g

200 g entsteinte Süßkirschen
1 EL Zitronensaft
3 EL Puderzucker
150 g Mascarpone
40 g Zartbitterschokolade (70 % Kakao)
2 EL getrocknete Sauerkirschen

Außerdem:

6 Eisförmchen mit Stiel

Clever variieren

Erwachsene dürfen die Eismasse nach Belieben mit 1–2 EL **Kirschlikör** aromatisieren.

1 Die Kirschen mit dem Zitronensaft, dem Puderzucker und dem Mascarpone in eine Rührschüssel geben. Alle Zutaten mit dem Pürierstab fein pürieren.

2 Die Eismasse in die Eisförmchen füllen und mindestens 4 Std. gefrieren lassen. Vor dem Servieren die Schokolade grob hacken und in einer kleinen Metallschüssel über dem heißen Wasserbad (siehe Seite 11) schmelzen. Etwas abkühlen lassen. Die getrockneten Sauerkirschen fein hacken.

3 Das Kirscheis aus den Formen lösen, die Spitzen kurz in die warme Schokolade tauchen und sofort mit den gehackten Sauerkirschen bestreuen. Auf Backpapier ablegen und kurz antrocknen lassen. Dann nochmals ca. 10 Min. in das Tiefkühlfach legen.

Schokoladeneis

Nicht zu toppen!

Zubereitung: ca. 25 Min. | Kühlen: ca. 1 Std. | Gefrieren: ca. 40 Min. | Pro Portion: ca. 330 kcal

Für 6 Portionen (ca. 700 g)

240 ml Milch
150 g Zartbitterschokolade (70 % Kakao)
3 Eigelb (Größe M)
60 g Zucker
20 g Invertzucker (siehe S. 9)
170 g Sahne

Außerdem:

Eismaschine

1 Die Milch in einem Topf aufkochen lassen. Die Schokolade grob hacken und in die Milch geben. Unter Rühren langsam schmelzen lassen.

2 Die Eigelbe mit dem Zucker in einer hitzebeständigen Rührschüssel mit einem Schneebesen gut verrühren. Die heiße Schokoladenmilch unter ständigem Rühren in die Eigelbmischung gießen. Über dem heißen Wasserbad (siehe Seite 11) mit dem Schneebesen in ca. 10 Min. cremig aufschlagen.

3 Die Masse in eine kalte Schüssel gießen. Auf ein kaltes Wasserbad setzen (siehe Seite 11) und noch ca. 10 Min. weiterrühren. Den Invertzucker und die Sahne unterrühren. Die Mischung zugedeckt ca. 1 Std. kalt stellen.

4 Die Eismischung aus dem Kühlschrank nehmen. Die Eismasse in die Eismaschine füllen und in ca. 40 Min. cremig fest gefrieren lassen. Das Schokoladeneis mit einem Gummispatel aus der Maschine schaben und sofort servieren oder in einer Gefrierbox mit Deckel tiefkühlen.

Clever variieren

Verwenden Sie für das Schokoladeneis Ihre **Lieblingssorte**, z. B. Zartbitter mit feinen Orangen- oder kandierten Ingwerstückchen.

1

2

3

Beeren-Schmand-Eis

mild-säuerlich mit viel Frucht

Zubereitung: ca. 25 Min. | Kühlen: ca. 1 Std. | Gefrieren: ca. 1 Std. + 20 Min. | Pro Portion: ca. 220 kcal

Für 8 Portionen (ca. 1 kg)

360 ml Vollmilch
2 Eigelb (Größe M)
100 g Zucker
160 g Schmand
140 g Sahne
300 g gemischte Beeren (frisch oder TK)
1 Päckchen Bourbon-Vanillezucker

Außerdem:

Eismaschine
1 Gefrierbox mit Deckel

1 Die Milch in einem Topf aufkochen lassen. Die Eigelbe mit dem Zucker in einer hitzebeständigen Rührschüssel mit einem Schneebesen gut verrühren. Die heiße Milch unter ständigem Rühren in die Eigelb-Zucker-Mischung gießen. Über dem heißen Wasserbad (siehe Seite 11) mit dem Schneebesen in ca. 10 Min. cremig aufschlagen. Die Masse in eine kalte Schüssel gießen. Auf ein kaltes Wasserbad (siehe Seite 11) setzen und noch ca. 10 Min. weiterrühren. Zugedeckt ca. 1 Std. kalt stellen.

2 Den Schmand und die Sahne unter die kalte Eismischung rühren. Die Eismasse in die Eismaschine füllen (**Bild 1**) und in ca. 1 Std. cremig fest gefrieren lassen. Das gefrorene Eis mit einem Gummispatel in eine längliche Gefrierbox von ca. 1 l Inhalt streichen (**Bild 2**). Kühl stellen.

3 Die frischen Beeren verlesen bzw. die gefrorenen Beeren auftauen lassen. Die Beeren mit dem Vanillezucker im Mixer zu einer feinen Sauce pürieren. Die Beerensauce nach Belieben durch ein Sieb streichen und auf das Eis geben. Die Sauce mit einer Gabel unter das Eis ziehen, sodass es marmoriert wird (**Bild 3**). Die Gefrierbox mit dem Deckel verschließen und das Eis ca. 20 Min. in das Tiefkühlfach stellen. Danach Kugeln abstechen und servieren. Nach Belieben mit ein paar frischen Beeren garnieren.

1 PINT
2 CUPS
16 OZ
1½ CUPS
12 OZ
1 CUP
8 OZ
CUP
4 OZ

Stracciatella-Eis

einfach unwiderstehlich!

Zubereitung: ca. 25 Min. | Kühlen: ca. 12 Std. | Gefrieren: ca. 55 Min. | Pro Portion: ca. 365 kcal

Für 6 Portionen (ca. 700 g)

1 Vanilleschote
200 ml Milch
300 g Sahne
4 Eigelb (Größe M)
90 g Zucker
100 g Zartbitterschokolade (70 % Kakao)

Außerdem:

Eismaschine
1 Gefrierbox mit Deckel
Waffelhörnchen zum Servieren (nach Belieben)

1 Die Vanilleschote mit einem scharfen Messer längs aufschneiden und das Mark mit dem Messerrücken herauskratzen. Die Milch und die Sahne mit Vanillemark und -schote in einen Topf geben. Die Vanillesahne unter Rühren aufkochen und bei schwacher Hitze ca. 5 Min. köcheln lassen. Beiseitestellen.

2 Die Eigelbe mit dem Zucker in einer hitzebeständigen Rührschüssel mit einem Schneebesen gut verrühren. Die heiße Vanillesahne unter ständigem Rühren in die Eigelbmischung gießen. Über dem heißen Wasserbad (siehe Seite 11) mit dem Schneebesen in ca. 10 Min. cremig aufschlagen. Die Masse in eine kalte Schüssel gießen. Auf ein kaltes Wasserbad (siehe Seite 11) setzen und ca. 10 Min. weiterrühren. Abgedeckt über Nacht in den Kühlschrank stellen.

3 Die Eismischung aus dem Kühlschrank nehmen und die Vanilleschote entfernen. Die Eismasse in die Eismaschine füllen und in ca. 40 Min. cremig fest gefrieren lassen.

4 Inzwischen die Schokolade grob hacken und über einem heißen Wasserbad schmelzen lassen (siehe Seite 11). Die geschmolzene Schokolade in einen Gefrierbeutel füllen, ein kleines Loch hineinschneiden. Ein Drittel des Vanilleeises in eine längliche Gefrierbox von ca. 1 l Inhalt streichen. Ein Drittel der Schokolade in dünnen Fäden über das Eis spritzen. Mit Vanilleeis bedecken und wieder Schokolade aufspritzen. Diesen Vorgang noch einmal wiederholen. Das Eis mit einer Gabel durchrühren, sodass die Schokoladensplitter gut verteilt sind. Zum Festwerden ca. 15 Min. in das Tiefkühlfach stellen. Auf Schälchen oder Waffelhörnchen verteilen und servieren.

Sahniges Joghurteis mit Orangensauce und Krokant

cremig-knusprige Kombi

Zubereitung: ca. 30 Min. | Gefrieren: ca. 40 Min. | Pro Portion: ca. 300 kcal

Für 6 Portionen (ca. 550 g)

Für das Eis:

2 Eier (Größe M)
200 g Naturjoghurt (3,5 % Fett)
200 g Sahne
70 g Zucker
Salz

Für die Sauce:

3 EL griechischer Weinbrand
(z. B. Metaxa, nach Belieben)
2 gehäufte EL Zucker
½ Bio-Orange
1 EL Orangeat
1 EL Korinthen

Für den Krokant:

60 g Zucker
1 EL Zitronensaft
2 EL Walnusskerne

Außerdem:

Eismaschine

1 Für das Eis die Eier trennen. Die Eigelbe mit dem Joghurt, der Sahne und dem Zucker verrühren. Die Eiweiße mit 1 Prise Salz zu steifem Schnee schlagen. Den Eischnee unter die Eigelbmischung heben. Die Eismasse in die Eismaschine füllen und in ca. 40 Min. cremig fest gefrieren lassen.

2 Inzwischen für die Sauce 3 EL Wasser, den Weinbrand und den Zucker sirupartig einkochen. Die halbe Orange heiß waschen und abtrocknen, die Schale fein abreiben und den Saft auspressen. Das Orangeat hacken. Den Orangensaft und die -schale sowie die Korinthen und das Orangeat unter den Sirup rühren. Auskühlen lassen.

3 Für den Krokant den Zucker mit dem Zitronensaft hell karamellisieren lassen (siehe Seite 11). Die Walnüsse mittelgrob hacken und unter den Karamell rühren. Auf ein Backpapier geben und erkalten lassen.

4 Das Eis mit einem Gummispatel aus der Maschine schaben und sofort servieren oder in einer Gefrierbox mit Deckel tiefkühlen. Den Krokant in Stücke brechen und mit dem Eis und der Orangensauce servieren.

Pistazieneis

grüner Hochgenuss

Zubereitung: ca. 25 Min. | Kühlen: ca. 1 Std. | Gefrieren: ca. 40 Min. | Pro Portion: ca. 275 kcal

Für 6 Portionen (ca. 650 g)

70 g geschälte Pistazien (am besten aus Sizilien)
400 ml Vollmilch
125 g Sahne
4 Eigelb (Größe M)
80 g Zucker
1 EL Zitronensaft

Außerdem:

Eismaschine

1 50 g Pistazien im Mixer fein mahlen. Die Milch dazugeben und alles fein pürieren. Die Pistazienmilch mit der Sahne in einen Topf geben. Alles unter Rühren aufkochen und bei schwacher Hitze ca. 5 Min. köcheln lassen.

2 Die Eigelbe mit dem Zucker in einer hitzebeständigen Rührschüssel mit einem Schneebesen gut verrühren. Die heiße Pistazienmilch unter ständigem Rühren in die Eigelbmischung gießen. Über dem heißen Wasserbad (siehe Seite 11) mit dem Schneebesen in ca. 10 Min. cremig aufschlagen. Die Masse in eine kalte Schüssel gießen. Auf ein kaltes Wasserbad (siehe Seite 11) setzen und ca. 10 Min. weiterrühren. Anschließend ca. 1 Std. kalt stellen.

3 Den Zitronensaft unter die Eismasse rühren, das Ganze in die Eismaschine füllen und in ca. 40 Min. cremig fest gefrieren lassen. Die restlichen Pistazien mit einem Messer grob hacken. In den letzten 5 Min. Gefrierzeit zu dem Eis in die laufende Maschine geben. Das Pistazieneis portionieren und servieren.

Clever variieren

Für Eis mit karamellisierten Walnüssen die Pistazien durch **60 g grob gehackte Walnusskerne** ersetzen. **2 EL Rohrzucker** und **1 Päckchen Bourbon-Vanillezucker** in einer Pfanne schmelzen lassen. Die Walnüsse dazugeben. Unter Rühren karamellisieren lassen. Abkühlen lassen und fein hacken. Das Eis wie oben beschrieben, jedoch mit nur 70 g Zucker zubereiten. In den letzten 5 Min. die fein gehackten Nüsse in die laufende Eismaschine geben.

Erdnusseis mit Schokolade

Genuss american style

Zubereitung: ca. 30 Min. | Kühlen: ca. 1 Std. | Gefrieren: ca. 40 Min. | Pro Portion: ca. 405 kcal

Für 6 Portionen (ca. 750 g)

½ Vanilleschote
400 ml Vollmilch
125 g Sahne
4 Eigelb (Größe M)
90 g Zucker
3 EL Erdnussbutter
100 g Zartbitterschokolade (70 % Kakao)
2 EL gesalzene Erdnüsse

Außerdem:

Eismaschine

1 Die halbe Vanilleschote mit einem scharfen Messer längs aufschneiden und das Mark mit dem Messerrücken herauskratzen. Die Milch und die Sahne mit dem Vanillemark und der -schote in einen Topf geben. Die Vanillesahne unter Rühren aufkochen und bei schwacher Hitze ca. 5 Min. köcheln lassen. Die Vanilleschote entfernen und den Topf von der Herdplatte nehmen.

2 Die Eigelbe mit dem Zucker in einer hitzebeständigen Rührschüssel mit einem Schneebesen gut verrühren. Die heiße Vanillesahne unter ständigem Rühren in die Eigelbmischung gießen. Über dem heißen Wasserbad (siehe Seite 11) mit dem Schneebesen in ca. 10 Min. cremig aufschlagen. Die Masse in eine kalte Schüssel gießen. Auf ein kaltes Wasserbad (siehe Seite 11) setzen und ca. 10 Min. weiterrühren. Die Erdnussbutter gut unterrühren und das Ganze zugedeckt ca. 1 Std. kalt stellen.

3 Die Eismasse in die Eismaschine füllen und in ca. 40 Min. cremig fest gefrieren lassen. Inzwischen die Schokolade hacken und in einem kleinen Topf über dem heißen Wasserbad (siehe Seite 11) schmelzen. Die Erdnüsse fein hacken. Das Erdnusseis portionieren und die geschmolzene Schokolade mithilfe eines Löffels in dünnen Fäden auf dem Eis verteilen. Sofort mit den gehackten Erdnüssen bestreuen und servieren.

1

2

3

Zitronenparfait in der Frucht

Gruß aus Italien

Zubereitung: ca. 30 Min. | Gefrieren: ca. 3 Std. | Pro Portion: ca. 150 kcal

Für 8 Portionen (ca. 450 g)

7 Bio-Zitronen
2 Eier (Größe M)
Salz
1 ½ EL Zucker
225 g Sahne
6 EL Zitronensirup
2 Stiele Zitronenverbene

1 Die Zitronen heiß waschen und abtrocknen. Von einer Zitrone die Schale fein abreiben (**Bild 1**) und den Saft auspressen. Die restlichen Zitronen längs halbieren und das Fruchtfleisch mit einem scharfen Messer sorgfältig herauslösen, sodass nur noch die weiße Haut an der gelben Schale bleibt (**Bild 2**). Das Fruchtfleisch anderweitig verwenden (z. B. für Zitronensirup oder Lemon Curd). Die ausgelösten Zitronenhälften in das Tiefkühlfach legen.

2 Die Eier trennen. Die Eiweiße mit 1 Prise Salz und dem Zucker steif schlagen. Die Sahne ebenfalls steif schlagen. Geschlagene Sahne und Eischnee zugedeckt kalt stellen. Die Eigelbe mit dem Zitronensirup, der Zitronenschale und dem Zitronensaft in einer Schüssel mit den Quirlen des Handrührgeräts aufschlagen (**Bild 3**). Den Eischnee und die Sahne unter die Eigelbmischung ziehen.

3 Die Zitronenverbene waschen und trocken schütteln, die Blättchen abzupfen und fein hacken. Unter die Parfaitmasse heben. Die Zitronenmasse in die vorgefrorenen Zitronenhälften füllen und im Tiefkühlfach ca. 3 Std. gefrieren lassen. Kurz vor dem Servieren aus dem Tiefkühlfach nehmen und ca. 10 Min. antauen lassen. Die gefüllten Zitronenhälften mit einem scharfen Messer, das in heißes Wasser getaucht wurde, längs halbieren. Das Parfait sofort servieren, jeder bekommt 3 Zitronenviertel.

Clever variieren

Sehr aromatisch ist das Parfait auch mit Limetten. Sie brauchen **8 Limetten**, da die Früchte kleiner sind. Wenn Sie den Zitronensirup durch **Grenadinesirup** ersetzen, bekommt das Parfait einen zarten Rosaton.

Passionsfruchteis mit Cashewnüssen

Passion meets nuts

Zubereitung: ca. 25 Min. | Gefrieren: ca. 1 Std. | Pro Portion: ca. 265 kcal

Für 6 Portionen (ca. 650 g)

60 g Cashewnusskerne
100 g Ahornsirup
300 g saure Sahne
100 g Sahne
3 Passionsfrüchte
1 gehäufter TL Puderzucker

Außerdem:

Eismaschine
1 Gefrierbox mit Deckel

1 Einen Bogen Backpapier doppelt falten. Die Cashewnüsse mittelgrob hacken. 50 g Ahornsirup in einer Pfanne mit den Cashewnüssen erhitzen und unter Rühren köcheln lassen, bis der Sirup fest geworden ist und an den Nussstückchen klebt. Die Nussmasse auf dem Backpapier verstreichen und das Papier ca. 5 Min. in das Tiefkühlfach legen.

2 Die saure Sahne mit dem restlichen Ahornsirup verrühren. Die Sahne steif schlagen und unter die Ahornsahne ziehen. Die Sahnemasse in die Eismaschine füllen und in ca. 40 Min. cremig fest gefrieren lassen. Die Nussmasse aus dem Tiefkühlfach nehmen, mit einem Messer hacken und in den letzten 5 Min. zum Eis in die laufende Maschine geben, kurz einrühren. Das Eis in eine längliche Gefrierbox von ca. 1 l Inhalt streichen und kühl stellen.

3 Die Passionsfrüchte halbieren. Die Kerne mit dem Saft aus der Schale kratzen und durch ein feines Sieb in eine Schüssel streichen. 1 EL der im Sieb verbliebenen Fruchtkerne in die Sauce geben. Den Puderzucker unterrühren. Die Passionsfruchtsauce mit einer Gabel unter das fertige Eis ziehen, sodass es marmoriert wird. Das Eis nochmals ca. 20 Min. in das Tiefkühlfach stellen. Auf Schalen oder Becher verteilen und servieren.

Clever variieren

Fein ist das Eis auch mit **Pistazien** anstelle der Cashewnusskerne. Da geschälte grüne Pistazien sehr teuer sind, lassen sich auch gesalzene in der Schale verwenden: aus der Schale lösen, in ein Geschirrtuch geben und das Salz von der Haut abrubbeln.

Frozen Yogurt

vielseitiges Grundrezept
Zubereitung: ca. 15 Min. | Gefrieren: ca. 50 Min. |
Pro Portion: ca. 105 kcal

Für 6 Portionen (ca. 750 g)

4 Eiweiß (Größe M)
Salz
600 g Naturjoghurt (3,8 % Fett)
60 – 70 ml Holunderblütensirup

Außerdem:

Eismaschine

1 Die Eiweiße mit 1 Prise Salz steif schlagen und kalt stellen. Den Joghurt in einer Schüssel mit dem Sirup verrühren. Den Eischnee unter die Joghurtmischung ziehen.

2 Die Joghurtmasse in die Eismaschine füllen und in ca. 50 Min. cremig fest gefrieren lassen. Das fertige Joghurteis mit einem Gummischaber aus der Maschine schaben. Sofort servieren oder in einer Gefrierbox mit Deckel tiefkühlen.

Clever variieren

Natürlich schmeckt der Frozen Yogurt auch mit anderem Sirup, z. B. mit **Zitronen-, Orangen-, Mandel-, Granatapfel- oder Chai-Sirup**.

Clever variieren

Frozen Yogurt mit Kirschsauce

Dafür **250 g entsteinte, aufgetaute TK-Sauerkirschen** mit **2 – 3 EL Puderzucker** in einem Topf unter Rühren zum Kochen bringen. Mit dem Pürierstab fein pürieren und abkühlen lassen. Nach Belieben mit **2 EL Kirschlikör** aromatisieren. Die Kirschsauce zu einer Portion Frozen Yogurt servieren.

Frozen Yogurt mit Heidelbeersauce

Dafür **300 g frische Heidelbeeren** waschen und verlesen. Die Beeren mit **2 EL Apfelsaft** und **2 EL Puderzucker** mit dem Pürierstab fein pürieren und durch ein Sieb streichen. Die Heidelbeersauce zu einer Portion Frozen Yogurt servieren.

Frozen Yogurt mit Schokosauce

Für die Schokoladensauce (siehe Bild) **100 g Zartbitterkuvertüre** hacken und mit **2 EL Wasser** und **50 g Sahne** in einem Topf bei schwacher Hitze langsam schmelzen. Nach Belieben mit **1 EL Rum** aromatisieren und abkühlen lassen. Den Frozen Yogurt mit der Schokoladensauce begießen und mit **gehackten, karamellisierten Mandeln, zerkleinerten Karamellbonbons oder gerösteten Kokosflocken** bestreuen. Die Schokosauce zu einer Portion Frozen Yogurt servieren.

Mandarineneis mit Cranberrys

fruchtiges Schleckvergnügen

Zubereitung: ca. 20 Min. | Marinieren: ca. 1 Std. | Gefrieren: ca. 4 Std. | Pro Portion: ca. 70 kcal

Für 6 Eis à 50 g

2 EL getrocknete Cranberrys
10–12 saftige Mandarinen
10 g Speisestärke
3 EL Limettensaft
ca. 2 EL Mandarinen- oder Orangenmarmelade

Außerdem:

6 Eisförmchen mit Stiel (oder kleine Joghurtbecher und Holzstiele)

1 Die Cranberrys grob hacken. Die Mandarinen auspressen und 330 ml Saft abmessen. Die Cranberrys darin ca. 1 Std. marinieren. Die Speisestärke mit dem Limettensaft anrühren und mit einem Schneebesen unter den Mandarinensaft rühren. Unter Rühren aufkochen und bei schwacher Hitze ca. 2 Min. köcheln lassen. Etwas abkühlen lassen und die Marmelade unterrühren. Die Masse abschmecken, nach Belieben noch etwas mehr Marmelade dazugeben.

2 Die Eismasse in die Förmchen füllen. Die Formen verschließen und das Mandarineneis im Tiefkühlfach in ca. 4 Std. gefrieren lassen.

Clever variieren

Außerhalb der Mandarinensaison schmeckt das Eis auch sehr lecker mit Orangensaft: Sie brauchen **3 – 5 Orangen** für 330 ml Saft. Auch **Grapefruitsaft** schmeckt anstelle des Mandarinensafts. Dann die Marmelade durch 2 – 3 EL Puderzucker ersetzen und das Eis mit 1 EL Rosenwasser parfümieren.

Bananen-Marzipan-Eis

italienisch inspiriert

Zubereitung: ca. 10 Min. | Gefrieren: ca. 3 Std. | Pro Portion: ca. 130 kcal

Für 6 Eis à 50 g

2 Mini-Bananen
2 EL Marzipanrohmasse
50 g saure Sahne
100 g Sahne
1 EL Amaretto (Mandellikör, nach Belieben)

Außerdem:

6 Eisförmchen mit Stiel (oder längliche Förmchen und Holzstiele)

1 Die Bananen schälen und das Fruchtfleisch mit einer Gabel zerdrücken. 80 g Fruchtfleisch abwiegen. Das abgewogene Fruchtfleisch, die Marzipanrohmasse und die saure Sahne glatt rühren. Die Sahne steif schlagen und unterrühren. Die Masse nach Belieben mit Amaretto abschmecken.

2 Die Eismasse in die Förmchen füllen. Die Formen verschließen und das Bananen-Marzipan-Eis im Tiefkühlfach in ca. 3 Std. gefrieren lassen.

Clever servieren

Alternativ zu Eisförmchen eignen sich kleine **Plastikgläser,** leere **Joghurtbecher** oder **Mini-Muffinförmchen,,** die mit der Eismasse gefüllt werden. Ca. 1 Std. anfrieren lassen, dann die Holzstiele (aus dem Haushaltswarengeschäft), kleine Plastiklöffel oder Pommes-frites-Stäbchen hineinstecken.

Mascarpone-Eis mit Erdbeeren und Balsamico-Sirup

Überraschende Aromenkombination

Zubereitung: ca. 30 Min. | Kühlen: ca. 12 Std. | Gefrieren: ca. 40 Min. | Pro Portion: ca. 445 kcal

Für 8 Portionen (ca. 1 kg)

1 Vanilleschote
360 ml Vollmilch
4 Eigelb (Größe M)
250 g Zucker
1 Tonkabohne
2 EL alter Aceto balsamico
240 g Sahne
240 g Mascarpone
600 g Erdbeeren

Außerdem:

Eismaschine

1 Die Vanilleschote mit einem scharfen Messer längs aufschneiden und das Mark mit dem Messerrücken herauskratzen. Die Milch mit dem Vanillemark und der -schote in einen Topf geben, unter Rühren aufkochen und bei schwacher Hitze ca. 5 Min. köcheln lassen. Beiseitestellen.

2 Die Eigelbe mit 100 g Zucker in einer hitzebeständigen Rührschüssel mit einem Schneebesen gut verrühren. Die heiße Vanillemilch unter ständigem Rühren in die Eigelbmischung gießen. Über dem heißen Wasserbad (siehe Seite 11) mit dem Schneebesen in ca. 10 Min. cremig aufschlagen. Die Masse in eine kalte Schüssel gießen. Auf ein kaltes Wasserbad (siehe Seite 11) setzen und ca. 10 Min. weiterrühren. Abkühlen lassen und zugedeckt über Nacht in den Kühlschrank stellen.

3 Für den Balsamico-Sirup die Tonkabohne auf einer feinen Reibe reiben. Den restlichen Zucker mit 150 ml Wasser und der gemahlenen Tonkabohne in einem Topf zum Kochen bringen. Bei mittlerer Hitze ca. 5 Min. kochen lassen. Den Balsamico unterrühren und den Sirup auskühlen lassen. Den Sirup durch ein Sieb gießen.

4 Die Sahne mit dem Mascarpone glatt rühren und unter die kalte Vanillemilch mischen. Die Eismasse in die Eismaschine füllen und in ca. 40 Min. cremig fest gefrieren lassen.

5 Die Erdbeeren waschen, putzen und halbieren oder vierteln. Das Eis und die Erdbeeren auf Tellern verteilen und mit dem Balsamico-Sirup beträufeln.

Sahniges Orangen-Quark-Eis

erfrischend fruchtig

Zubereitung: ca. 30 Min. | Kühlen: 30 Min. | Gefrieren: ca. 50 Min. | Pro Portion: ca. 410 kcal

Für 8 Portionen (ca. 900 g)

2 Bio-Orangen
150 g Sahnequark
70 g Zucker
2 EL Orangenmarmelade
200 ml Milch
300 g Sahne
3 Eigelb (Größe M)
Zesten von 1 Bio-Orange zum Garnieren (nach Belieben)

Außerdem:

Eismaschine

1 Die Orangen heiß waschen, abtrocknen und die Schale fein abreiben. Den Saft auspressen. Den Sahnequark mit dem Saft glatt rühren. Orangenschale, 30 g Zucker und die Marmelade unter den Quark rühren. Kalt stellen.

2 Die Milch und die Sahne in einem Topf erhitzen. Die Eigelbe mit dem restlichen Zucker in einer hitzebeständigen Rührschüssel mit einem Schneebesen gut verrühren. Unter ständigem Rühren die warme Sahnemilch unterrühren und die Masse über dem heißen Wasserbad (siehe Seite 11) mit dem Schneebesen cremig aufschlagen. Die Masse in eine kalte Schüssel gießen. Auf ein kaltes Wasserbad (siehe Seite 11) setzen und noch ca. 10 Min. weiterrühren. Die Orangen-Quarkcreme unterrühren und die Mischung zugedeckt ca. 30 Min. kalt stellen.

3 Die Eismasse in die Eismaschine füllen und in ca. 50 Min. cremig fest gefrieren lassen. Das fertige Eis sofort – nach Belieben mit Orangenzesten garniert – servieren oder in einer Gefrierbox mit Deckel tiefkühlen.

Kaffee-Granité mit Vanillesahne

eiskalter Kaffeegenuss

Zubereitung: ca. 30 Min. | Kühlen: ca. 2 Std. | Gefrieren: ca. 8 Std. | Pro Portion: ca. 175 kcal

Für 6 Portionen (ca. 500 g)

400 ml frisch gekochter Espresso
100 g Zucker
2 TL Zitronensaft
120 g Sahne
1 Päckchen Bourbon-Vanillezucker
3 EL Sambuca (Anislikör, nach Belieben)
30 g Zartbitterschokolade (70 % Kakao)

Außerdem:

1 Gefrierbox mit Deckel

1 Den Espresso mit dem Zucker und dem Zitronensaft verrühren, bis sich der Zucker aufgelöst hat. Die Mischung ca. 2 Std. kühl stellen.

2 Den gekühlten Espresso in eine längliche Gefrierbox mit Deckel (ca. 1 l Inhalt) füllen und tiefkühlen. Nach ca. 1 Std. die Masse mit einer Gabel durchrühren. Diesen Vorgang noch viermal wiederholen. Das Granité insgesamt ca. 8 Std. gefrieren lassen. Die Serviergläser ebenfalls mindestens 30 Min. in das Tiefkühlfach stellen.

3 Die Sahne mit dem Vanillezucker und nach Belieben dem Sambuca steif schlagen. Das Kaffee-Granité ca. 15 Min. vor dem Servieren aus dem Tiefkühlfach nehmen. Mit einem Löffel von der Oberfläche Granité dünn abschaben und in die geeisten Gläser schichten. Die geschlagene Vanillesahne darauf verteilen. Die Schokolade mit dem Sparschäler in feinen Spänen über die Sahne hobeln. Das Kaffee-Granité mit Vanillesahne und Schokospänen sofort servieren.

Clever variieren

Wer hat Lust auf die Café-brûlot-Version? Hierzu das Granité wie im Rezept beschrieben zubereiten. Die Sahne mit dem Vanillezucker, 1 EL **Cognac** und 2 EL **Orangenlikör** sowie 1 Prise **Nelkenpulver** steif schlagen. Zum Schluss anstatt mit Schokolade mit **Zimtpulver** bestreuen.

Honigeis mit Zitrusfrüchten

Raffiniertes für Gäste

Zubereitung: ca. 35 Min. | Gefrieren: ca. 40 Min. | Pro Portion: ca. 470 kcal

Für 6 Portionen (ca. 650 g)

200 g Orangenblütenhonig
4 Eigelb (Größe M)
300 g Sahne
100 g Crème fraîche
2 Orangen
1 Limette
1 Granatapfel
60 g Zucker
70 ml Orangenlikör (ersatzweise Orangensirup)

Außerdem:

Eismaschine

1 Den Orangenblütenhonig mit den Eigelben in einer hitzebeständigen Rührschüssel mit einem Schneebesen gut verrühren. Die Sahne in einem Topf kurz erwärmen, dann unter ständigem Rühren unter die Honigmasse mischen. Über dem heißen Wasserbad (siehe Seite 11) mit dem Schneebesen in ca. 10 Min. cremig aufschlagen. Die Masse in eine kalte Schüssel gießen. Auf ein kaltes Wasserbad (siehe Seite 11) setzen und noch ca. 10 Min. weiterrühren. Die Crème fraîche unterrühren. Die Eismischung in die Eismaschine füllen und in ca. 40 Min. cremig fest gefrieren lassen.

2 Für die marinierten Früchte die Orangen und die Limette mit einem scharfen Messer dick schälen, sodass die weiße Haut mit entfernt wird. Die Früchte in dicke Scheiben schneiden. Den Granatapfel halbieren. Eine Hälfte auf der Zitruspresse auspressen. Aus der zweiten Hälfte die Kerne herauslösen. Vorsicht, das kann spritzen!

3 Den Zucker in einer Pfanne karamellisieren lassen (siehe Seite 11). Den ausgepressten Granatapfelsaft unterrühren (Vorsicht, das kann spritzen), die Fruchtscheiben unterheben und den Saft einmal aufkochen lassen. Erkalten lassen und den Orangenlikör und die Granatapfelkerne unterrühren. Das Eis auf Schälchen verteilen und den Saft mit den Früchten darauf verteilen.

DIE FRUCHTIGEN

Hier kommen die eiskalten Lieblingsrezepte mit der Extraportion Frucht. Ein paar aromatische, reife Früchte, reine Fruchtsäfte oder Fruchtsirups, edle Liköre, süßer Wein oder prickelnder Sekt … mehr braucht es nicht, um sich und andere an heißen Sommertagen zu erfrischen und glücklich zu machen.

Cranberry-Eis-Sandwich

Kinderliebling

Zubereitung: ca. 50 Min. | Ruhen: ca. 1 Std. | Gefrieren: ca. 15 Min. + 50 Min. | Festwerden: ca. 30 Min. | Pro Portion: ca. 365 kcal

Für 8 Portionen (ca. 600 g)

Für die Waffeln:

45 g Butter
40 g Zucker
1 Päckchen Bourbon-Vanillezucker
1 Ei (Größe M)
85 g Mehl

Für das Eis:

200 g frische Cranberrys (ersatzweise TK-Cranberrys oder Sauerkirschen)
80 g Puderzucker
3 EL Preiselbeerkonfitüre
100 g Mascarpone
100 g Schmand
80 g Sahne

Außerdem:

Eismaschine
Hörnchen-Waffeleisen oder 16 gekaufte runde Waffeln (ca. 8 cm Ø)

1 Für die Waffeln die Butter zerlassen, mit dem Zucker, dem Vanillezucker und dem Ei glatt rühren. 60 ml Wasser unterrühren, das Mehl dazugeben und alles zu einem glatten Teig verrühren. Ca. 1 Std. ruhen lassen.

2 Das Hörnchen-Waffeleisen vorheizen. Pro Waffel 1 TL Teig auf die untere Backfläche geben. Das Waffeleisen vorsichtig schließen, dabei den Deckel fest andrücken. Die Waffeln goldgelb backen, herausnehmen und auf einem Gitter abkühlen lassen. Die Teigmenge reicht für ca. 22 Waffeln von ca. 8 cm Ø. Übrige Waffeln dazu knabbern oder zu einem Espresso genießen.

3 Für das Eis die Cranberrys abbrausen, abtropfen und trocken tupfen. Mit Puderzucker und Preiselbeerkonfitüre in einem Topf offen zum Kochen bringen und ca. 5 Min. sprudelnd kochen lassen. Dann in einem hohen Gefäß mit dem Pürierstab fein pürieren. Das Püree durch ein Sieb streichen. Mascarpone, Schmand und Sahne mit dem Pürierstab untermixen. Etwas abkühlen lassen und ca. 15 Min. tiefkühlen.

4 Die Eismasse in die Eismaschine füllen und in ca. 50 Min. cremig fest gefrieren lassen. Je 2 kleine Eiskugeln auf 8 Waffeln verteilen. Je 1 Waffel darauflegen und leicht andrücken. Die Ränder mit einem breiten Messer glatt streichen. Die Eissandwichs zum Festwerden auf einem Teller ca. 30 Min. in das Tiefkühlfach legen.

Kir-Royal-Sorbet mit Baiser

krönender Abschluss eines Menüs

Zubereitung: ca. 40 Min. | Backen Baiser: 1 Std. 30 Min. – 2 Std. | Abkühlen Baiser: 1 Std. | Ruhen: 1 Std. 30 Min. | Gefrieren: ca. 50 Min. | Pro Portion: ca. 210 kcal

Für 6 Portionen (ca. 700 g)

Für die Baisertupfen:

1 Eiweiß (Größe M)
Salz
70 g Puderzucker
1 ½ TL Zitronensaft

Für das Eis:

400 g Schwarze Johannisbeeren
200 ml Champagner oder trockener Sekt
100 g Zucker
2 EL Cassislikör (nach Belieben)
50 g Invertzucker (siehe S. 9)
einige essbare Blüten, z. B. Veilchenblüten

Außerdem:

Spritzbeutel
Eismaschine

1 Für die Baisertupfen das Eiweiß mit 1 Prise Salz steif schlagen. Den Puderzucker einrieseln lassen und weiterschlagen, bis er völlig untergeschlagen ist. Den Zitronensaft nur kurz unterschlagen. Den Backofen auf 100° vorheizen. Die Baisermasse in einen Spritzbeutel mit großer Sterntülle (ca. 1,5 cm Ø) füllen. 12 kleine Tupfen auf ein mit Backpapier belegtes Backblech spritzen. Die Baisertupfen im Ofen (unten) in 1 ½– 2 Std. trocknen lassen. Den Backofen ausschalten und ein doppelt gefaltetes Geschirrtuch in die Tür klemmen, sodass die Feuchtigkeit entweichen kann. 1 Std. auskühlen und nachtrocknen lassen.

2 Für das Eis die Johannisbeeren waschen und mit einer Gabel von den Rispen streifen. Den Champagner oder Sekt mit dem Zucker in einen Topf geben. Aufkochen lassen, umrühren und zugedeckt bei schwacher Hitze ca. 5 Min. köcheln lassen. Die Johannisbeeren dazugeben. Zugedeckt ca. 30 Min. ziehen lassen. Die Johannisbeermischung glatt pürieren und durch ein feines Sieb streichen. Ca. 1 Std. in den Kühlschrank stellen.

3 Den Cassislikör nach Belieben und den Invertzucker unter die Masse mischen. Die Sorbetmasse in die Eismaschine füllen und in ca. 50 Min. cremig fest gefrieren lassen. Das fertige Sorbet mit einem Gummischaber aus der Maschine schaben.

4 Jeweils 1 große Kugel Kir-Royal-Sorbet abstechen und mit den Baisertupfen verzieren. Mit einigen frischen Blüten garnieren und sofort servieren.

Himbeersorbet

gästefein
Zubereitung: ca. 25 Min. | Kühlen: ca. 1 Std.
Gefrieren: ca. 50 Min. | Pro Portion: ca. 140 kcal

Für 6 Portionen (ca. 650 g)

500 g Himbeeren (frisch oder TK)
1 Zitrone
100 g Zucker
45 g Invertzucker (siehe S. 9)
2 EL Himbeergeist (ersatzweise Himbeersirup)

Außerdem:

Eismaschine

1 Frische Himbeeren verlesen, tiefgekühlte Beeren auftauen lassen. Die Früchte in ein hohes Gefäß geben und mit dem Pürierstab fein pürieren. Das Fruchtpüree durch ein feines Sieb streichen.

2 Die Zitrone auspressen und den Saft mit dem Zucker und dem Invertzucker zum Fruchtpüree geben. Mit einem Schneebesen so lange rühren, bis sich der Zucker aufgelöst hat. Den Himbeergeist untermischen. Das Fruchtpüree zugedeckt ca. 1 Std. in den Kühlschrank stellen.

3 Die Sorbetmasse in die Eismaschine füllen und in ca. 50 Min. cremig fest gefrieren lassen. Das fertige Sorbet mit einem Gummischaber aus der Maschine schaben. Sofort in Gläsern oder Schalen servieren oder in einer Gefrierbox mit Deckel tiefkühlen.

Clever variieren

Himbeersorbet mit Litschi-Sekt

Das Himbeersorbet zubereiten und gefrieren wie links beschrieben. Vom Sorbet Kugeln abstechen und in 6 Sektkelche füllen. **12 Litschis** schälen, halbieren und entkernen. Je 2 Hälften zum Sorbet geben und mit eiskaltem **Litschisekt** aufgießen. Außerhalb der Saison können auch Litschis aus der Dose verwendet werden.

Exotische Variante mit Ingwer

Anstelle des Himbeergeists **2 EL Himbeersirup** mit jeweils **1 TL fein geriebenem Ingwer, Limettenschale** und **fein gehacktem frischem Koriander** unter das Fruchtpüree mischen.

Himbeer-Kokos-Variante

Den Himbeergeist durch **2–3 EL Kokoslikör** ersetzen. Die Himbeersorbet-Eiskugeln nach Belieben auf einem Spiegel von **Kokosmilch** servieren. Auf das fertige Himbeersorbet einige **Kokosflocken** streuen.

Aprikosensorbet

feines Vergnügen für heiße Sommertage

Zubereitung: ca. 25 Min. | Kühlen: ca. 1 Std. | Gefrieren: ca. 50 Min. | Pro Portion: ca. 135 kcal

Für 6 Portionen (ca. 750 g)

550 g reife Aprikosen
100 g Zucker
4 EL Zitronensaft
2 EL Aprikosenschnaps oder -likör (nach Belieben)
50 g Invertzucker (siehe S. 9)

Außerdem:

Eismaschine

1 Die Aprikosen waschen, halbieren, entsteinen und klein schneiden. Mit dem Zucker und dem Zitronensaft in einen Topf geben. Aufkochen lassen, umrühren und zugedeckt bei schwacher Hitze ca. 5 Min. köcheln lassen.

2 Die Aprikosen im Topf mit dem Pürierstab glatt pürieren und anschließend durch ein feines Sieb in eine Schüssel streichen. Ca. 1 Std. zugedeckt in den Kühlschrank stellen.

3 Den Aprikosenschnaps oder -likör nach Belieben und den Invertzucker unter die Masse mischen. Die Sorbetmasse in die Eismaschine füllen und in ca. 50 Min. cremig fest gefrieren lassen. Das fertige Sorbet mit einem Gummischaber aus der Maschine schaben. Sofort auf Schälchen verteilen und servieren oder in einer Gefrierbox mit Deckel tiefkühlen.

Clever variieren

Perfekt zum Aprikosenaroma passt auch **Rosenwasser:** anstelle des Aprikosenschnaps **2 TL Rosenwasser** in die Masse geben.
Für ein **Aprikosen-Rosmarin-Sorbet** 1 Zweig Rosmarin waschen und trocken tupfen. Zusammen mit den Aprikosen, dem Zucker und dem Zitronensaft aufkochen lassen. Ca. 5 Min. köcheln und anschließend ca. 1 Std. ziehen lassen. Den Rosmarinzweig entfernen und die Mischung mit dem Pürierstab pürieren.

Pflaumensorbet

asiatisch beschwipst

Zubereitung: ca. 25 Min. | Kühlen: ca. 1 Std. | Gefrieren: ca. 50 Min. | Pro Portion: ca. 165 kcal

Für 6 Portionen (ca. 750 g)

550 g Pflaumen
120 g Zucker
4 EL Zitronensaft
3 EL Pflaumenwein (nach Belieben)
45 g Invertzucker (siehe S. 9)

Außerdem:

Eismaschine

1 Die Pflaumen waschen, halbieren, entsteinen und klein schneiden. Mit dem Zucker und dem Zitronensaft in einen Topf geben. Aufkochen lassen, umrühren und zugedeckt bei schwacher Hitze ca. 5 Min. köcheln lassen. Die Pflaumenmischung glatt pürieren und durch ein feines Sieb streichen. Ca. 1 Std. zugedeckt in den Kühlschrank stellen.

2 Den Pflaumenwein nach Belieben und den Invertzucker unter das Püree mischen. Sorbetmasse in die Eismaschine füllen und in ca. 50 Min. cremig fest gefrieren lassen. Das fertige Sorbet mit einem Gummischaber aus der Maschine schaben. Sofort servieren oder in einer Gefrierbox mit Deckel tiefkühlen.

Clever variieren

Wenn Sie im Sommer auf dem Markt vollreife **Mirabellen** entdecken oder sogar selbst einen Mirabellenbaum im Garten haben, probieren Sie das Rezept mit diesen wunderbar schmackhaften Früchten. Sie brauchen 550 g, auch die anderen Mengenangaben sind wie im Rezept oben. Anstelle des Pflaumenweins empfiehlt es sich für diese Variante **2 EL Mirabellenschnaps** zu verwenden.

Pfirsichsorbet mit Hibiskus und Basilikum

fruchtig mit Kräuternote

Zubereitung: ca. 35 Min. | Kühlen: 1 Std. | Gefrieren: ca. 50 Min. | Pro Portion: ca. 150 kcal

Für 6 Portionen (ca. 800 g)

550 g Weinbergpfirsiche
4 Beutel Hibiskustee
16 Basilikumblätter
1 Vanilleschote
2 EL Zitronensaft
100 g Zucker
2 EL Pfirsichlikör (nach Belieben)
50 g Invertzucker (siehe S. 9)

Außerdem:

Eismaschine

1 Die Pfirsiche waschen, halbieren, entsteinen und klein schneiden. Die Teebeutel und 10 Basilikumblätter in eine große Tasse geben und mit 200 ml kochendem Wasser übergießen. Den Tee ca. 10 Min. ziehen lassen.

2 Den Tee durch ein Sieb in einen Topf gießen, die Teebeutel und die Basilikumblätter im Sieb gut ausdrücken. Die Vanilleschote längs aufschneiden und zum Tee in den Topf geben. Zitronensaft und Zucker ebenfalls hinzufügen. Den Tee bei mittlerer Hitze in ca. 10 Min. auf die Hälfte einkochen lassen.

3 Die Pfirsiche in den eingekochten Sud geben. Aufkochen lassen und zugedeckt bei schwacher Hitze ca. 5 Min. köcheln lassen. Die Vanilleschote entfernen. Die Pfirsichmischung mit dem Pürierstab im Topf fein pürieren und durch ein feines Sieb streichen. Ca. 1 Std. zugedeckt in den Kühlschrank stellen.

4 Den Pfirsichlikör nach Belieben und den Invertzucker unter die Masse mischen. Die Sorbetmasse in die Eismaschine füllen und in ca. 50 Min. cremig fest gefrieren lassen. Das fertige Sorbet mit einem stabilen Eisportionierer in Kugeln aus der Maschine schaben. Sofort auf Schälchen verteilen und mit den übrigen Basilikumblättern garniert servieren oder in einer Gefrierbox mit Deckel tiefkühlen.

Clever einkaufen

Besonders aromatisch und intensiv duftend sind ganze, getrocknete **Hibiskusblüten** aus dem Teeladen. Die ganzen Blüten können auch in Zuckersirup eingelegt und aufgekocht werden und sind eine sehr schöne natürliche Dekoration auf dem Sorbet oder auf anderen Desserts.

Ananassorbet

Sonne im Glas

Zubereitung: ca. 25 Min. | Kühlen: ca. 1 Std. | Gefrieren: ca. 50 Min. | Pro Portion: ca. 150 kcal

Für 8 Portionen (ca. 950 g)

1 Ananas (ca. 1,1 kg)
75 g Zucker
4 EL Zitronensaft
150 ml Ananassaft
50 g Invertzucker (siehe S. 9)

Außerdem:

Eismaschine

1 Die Ananas schälen. Den harten Strunk und die braunen Augen herausschneiden. Das Fruchtfleisch in kleine Würfel schneiden. Es sollten ca. 520 g Ananaswürfel sein. Die Ananaswürfel mit dem Zucker, dem Zitronensaft und 150 ml Wasser in einen Topf geben. Aufkochen lassen, umrühren und zugedeckt bei schwacher Hitze ca. 5 Min. köcheln lassen.

2 Die Mischung mit dem Pürierstab im Topf glatt pürieren und durch ein feines Sieb streichen. Ca. 1 Std. zugedeckt in den Kühlschrank stellen.

3 Den Ananassaft und den Invertzucker unter das Ananaspüree rühren. Die Sorbetmasse in die Eismaschine füllen und in ca. 50 Min. cremig fest gefrieren lassen.

4 Das fertige Sorbet mit einem stabilen Eisportionierer in Kugeln aus der Maschine schaben. Sofort auf Gläser verteilen und servieren oder in einer Gefrierbox mit Deckel tiefkühlen.

Clever variieren

Besonders aromatisch ist auch ein **Ananas-Basilikum-Sorbet.** Dafür 10 große, fein geschnittene Basilikumblätter unter das fertige Ananaspüree mischen. Dann wie oben beschrieben in der Eismaschine cremig fest gefrieren lassen. Für eine exotische Note den Zitronensaft durch Limettensaft ersetzen und außerdem die fein abgeriebene Schale von 1 Bio-Limette unter die Sorbetmasse mischen.

Papaya-Kokos-Sorbet mit Limettenaroma

thailändisch inspiriert

Zubereitung: ca. 20 Min. | Kühlen: ca. 1 Std. | Gefrieren: ca. 50 Min. | Pro Portion: ca. 110 kcal

Für 6 Portionen (ca. 500 g)

1 reife Papaya (ca. 500 g)
2–3 Limetten
1 Päckchen Bourbon-Vanillezucker
40 g Invertzucker (siehe S. 9)
4–5 EL Rum mit Kokosgeschmack (ersatzweise Kokossirup)
einige Kokoschips zum Garnieren

Außerdem:

Eismaschine

1 Die Papaya längs halbieren und die Kerne mit einem Löffel entfernen. Die Frucht mit einem Sparschäler schälen und das Fruchtfleisch würfeln. Die Limetten auspressen und 60 ml Saft abmessen. Den Limettensaft mit den Papayawürfeln, dem Vanillezucker, dem Invertzucker und dem Kokosrum fein pürieren. Die Masse ca. 1 Std. zugedeckt in den Kühlschrank stellen.

2 Die gekühlte Sorbetmasse in die Eismaschine füllen und in ca. 50 Min. cremig fest gefrieren lassen. Das fertige Sorbet mit einem Gummischaber aus der Maschine schaben, auf Schalen oder Eisbecher verteilen, mit einigen Kokoschips garnieren und sofort servieren. Oder in einer Gefrierbox mit Deckel tiefkühlen.

Gut zu wissen

Die Papaya ist die Frucht eines Melonenbaumgewächses. Sie wird in verschiedenen Reifegraden angeboten. Für dieses Sorbet sollte eine **vollständig ausgereifte Papaya** verwendet werden. Man erkennt die Reife an der gelblichgrünen Farbe. Das Fruchtfleisch ist dann hellorange bis rosa.

Clever variieren

Anstelle der Papaya kann man das exotische Sorbet auch mit Mango zubereiten. Dafür **1 große gelbe Thai-Mango** (aus dem Asienladen) von ca. 500 g verwenden. Wer noch intensiveres Limettenaroma möchte, reibt die **Schale von 1 Bio-Limette** in die Sorbetmasse.

1
2
3

Clementinen-Parfait

Eiskaltes schön in Form gebracht

Zubereitung: ca. 25 Min. | Kühlen: ca. 2 Std. | Gefrieren: ca. 5 Std. | Pro Portion: ca. 230 kcal

Für 6 Portionen

ca. 10 Clementinen, davon 1 Bio-Clementine
70 g Zucker
4 Eigelb (Größe M)
2 EL Mandarinen- oder Orangenlikör (nach Belieben)
175 g Sahne

1 6 schöne Clementinen heiß waschen und abtrocknen. An der Oberseite mit einem scharfen Messer jeweils einen Deckel abschneiden. Das Fruchtfleisch mit der weißen Haut vorsichtig mit einem Messer von der Schale lösen (**Bild 1**), mit einem Löffel herausschaben und in eine Schüssel geben. Die ausgehöhlten Clementinen und die Deckel in das Tiefkühlfach legen.

2 Die Bio-Clementine heiß waschen und abtrocknen, die Schale fein abreiben und beiseite stellen. Das herausgeschabte Fruchtfleisch in der Schüssel fein pürieren und durch ein Sieb streichen. Den Saft von den übrigen 3 – 4 Clementinen auspressen, sodass man mit dem durchgesiebten Fruchtpüree 130 ml Flüssigkeit erhält.

3 Diesen Saft mit dem Zucker in einem Topf aufkochen lassen, bis sich der Zucker aufgelöst hat. Die Eigelbe in einer hitzebeständigen Rührschüssel mit einem Schneebesen gut verrühren. Den heißen Clementinensaft unter ständigem Rühren unter die Eigelbe mischen (**Bild 2**). Über dem heißen Wasserbad (siehe Seite 11) mit dem Schneebesen in ca. 10 Min. cremig aufschlagen. Vom Wasserbad nehmen und noch ca. 5 Min. weiterrühren. Abkühlen lassen, die abgeriebene Schale und nach Belieben den Likör untermischen und die Sorbetmasse zugedeckt ca. 2 Std. in den Kühlschrank stellen.

4 Die Sahne steif schlagen und unter die Clementinenmasse heben (**Bild 3**). Die Parfaitmasse in die ausgehöhlten Clementinen füllen, die Deckel auflegen und die Parfaits im Tiefkühlfach in ca. 5 Std. gefrieren lassen.

Brombeereis

beeriger Genuss

Zubereitung: ca. 30 Min. | Kühlen: ca. 1 Std. | Gefrieren: ca. 50 Min. | Pro Portion: ca. 290 kcal

Für 8 Portionen (ca. 1,1 kg)

400 g Brombeeren (frisch oder TK)
1 Zitrone
50 g Puderzucker
125 g laktosefreier Frischkäse
2 Eigelb (Größe M)
1 Ei (Größe M)
50 g Zucker
1 Päckchen Bourbon-Vanillezucker
400 g laktosefreie Sahne

Außerdem:

Eismaschine

1 Die Brombeeren abbrausen und verlesen. TK-Brombeeren in einen Topf geben und einmal zum Kochen bringen. Die Zitrone auspressen. Den Zitronensaft mit den Brombeeren und dem Puderzucker in einem Topf zum Kochen bringen und zugedeckt auf der ausgeschalteten Herdplatte ca. 5 Min. ziehen lassen. Mit dem Pürierstab oder im Mixer fein pürieren und durch ein Sieb streichen. Den Frischkäse dazugeben und alle Zutaten mit dem Pürierstab gut mixen. Kalt stellen.

2 Die Eigelbe, das Ei, den Zucker, den Vanillezucker und die Sahne in einer hitzebeständigen Rührschüssel mit einem Schneebesen gut verrühren. Über dem heißen Wasserbad (siehe Seite 11) mit dem Schneebesen in ca. 10 Min. cremig aufschlagen. Vom Wasserbad nehmen und noch ca. 5 Min. weiterrühren. Die Brombeermasse unterrühren und das Ganze zugedeckt ca. 1 Std. in den Kühlschrank stellen.

3 Die Eismasse in die Eismaschine füllen und in ca. 50 Min. cremig fest gefrieren lassen. Das Eis mit einem Gummispatel aus der Maschine schaben, auf Gläser oder Schälchen verteilen und sofort servieren. Oder in einer Gefrierbox mit Deckel tiefkühlen.

Sauerkirscheis mit Mandelsahne

cremig-fein

Zubereitung: ca. 35 Min. | Ruhen: 12 Std. | Kühlen: 20 Min. | Gefrieren: ca. 50 Min. | Pro Portion: ca. 195 kcal

Für 8 Portionen (ca.1,2 kg)

ca. 800 g frische Sauerkirschen (ersatzweise 650 g entsteinte TK-Sauerkirschen)
100 g Zucker
2 EL Puderzucker
250 g laktosefreie Pflanzenmilch (z. B. Mandeldrink, aus dem Reformhaus)
2 Eier (Größe M)
2 Eigelb (Größe M)
250 g Mandelsahne (Reformhaus)
grob gehackte Mandeln zum Garnieren (nach Belieben)

Außerdem:

Eismaschine

1 Den Backofen auf 150° vorheizen. Die Sauerkirschen waschen und entsteinen, es sollen insgesamt 650 g entsteinte Kirschen sein. 400 g Kirschen mit 50 g Zucker in einem Topf kurz aufkochen, abkühlen lassen und kühl stellen. Die restlichen 250 g Kirschen auf ein mit Backpapier ausgelegtes Backblech legen und mit dem Puderzucker bestäuben. Die Kirschen im heißen Ofen (Mitte) ca. 25 Min. rösten. Den Backofen ausschalten und ein doppelt gefaltetes Geschirrtuch in die Tür klemmen, sodass die Feuchtigkeit entweichen kann. Die Kirschen auf dem Blech über Nacht im Ofen trocknen und auskühlen lassen.

2 Die Pflanzenmilch in einem Topf aufkochen. Die Eier, die Eigelbe, den restlichen Zucker und die Mandelsahne in einer hitzebeständigen Rührschüssel mit einem Schneebesen gut verrühren. Die heiße Pflanzenmilch unter ständigem Rühren in die Eiermasse gießen und mit einem Schneebesen über dem heißen Wasserbad (siehe Seite 11) in ca. 10 Min. cremig aufschlagen. Die Masse in eine kalte Schüssel gießen. Auf ein kaltes Wasserbad (siehe Seite 11) setzen und ca. 10 Min. weiterrühren.

3 Die ofengetrockneten Kirschen vom Backpapier nehmen und mit den gekühlten Kirschen und der Eiermilch-Masse mit dem Pürierstab oder im Mixer fein pürieren. Das Püree ca. 20 Min. zugedeckt in das Tiefkühlfach stellen.

4 Die Eismasse in die Eismaschine füllen und in ca. 50 Min. cremig fest gefrieren lassen. Das Eis mit einem Eisportionierer in Kugeln aus der Maschine schaben, auf Gläser verteilen und nach Belieben mit grob gehackten Mandeln bestreuen. Sofort servieren. Oder in einer Gefrierbox mit Deckel tiefkühlen.

AUSTRALIA

Heidelbeer-Matcha-Eis

exklusiv mit Grüntee-Pulver

Zubereitung: ca. 25 Min. | Kühlen: ca. 1 Std. | Gefrieren: ca. 1 Std. + 20 Min. | Pro Portion: ca. 215 kcal

Für 8 Portionen (ca. 1,1 kg)

360 ml Vollmilch
5 g Matcha-Pulver (japanisches Grüntee-Pulver)
2 Eigelb (Größe M)
100 g Zucker
160 g Schmand
140 g Sahne
300 g Heidelbeeren (frisch oder TK)
1 Päckchen Bourbon-Vanillezucker

Außerdem:

Eismaschine
1 Gefrierbox mit Deckel
Waffelhörnchen zum Servieren (nach Belieben)

1 Die Milch mit dem Matcha-Pulver in einem Topf aufkochen lassen. Die Eigelbe mit dem Zucker in einer hitzebeständigen Rührschüssel mit einem Schneebesen gut verrühren. Die heiße Milch unter ständigem Rühren in die Eigelbmischung gießen. Über dem heißen Wasserbad (siehe Seite 11) mit dem Schneebesen in ca. 10 Min. cremig aufschlagen. Die Masse in eine kalte Schüssel gießen. Auf ein kaltes Wasserbad (siehe Seite 11) setzen und noch ca. 10 Min. weiterrühren. Zugedeckt ca. 1 Std. in den Kühlschrank stellen.

2 Den Schmand und die Sahne unter die kalte Eismischung rühren. Die Eismasse in die Eismaschine füllen und in ca. 1 Std. cremig fest gefrieren lassen. Das Eis mit einem Gummispatel in eine längliche Gefrierbox mit Deckel von ca. 1 l Inhalt streichen.

3 Die frischen Beeren verlesen bzw. die gefrorenen auftauen lassen. Die Beeren mit dem Vanillezucker im Mixer oder mit dem Pürierstab zu einer glatten Sauce pürieren. Die Beerensauce nach Belieben durch ein Sieb streichen. Die Sauce auf das Eis geben und mit einer Gabel unterziehen, sodass das Eis marmoriert wird. Das Heidelbeer-Matcha-Eis ca. 20 Min. in das Tiefkühlfach stellen. Danach Kugeln abstechen und in Hörnchen oder Schalen servieren.

DIE EXTRAVAGANTEN

Hier stellen wir Ihnen außergewöhnliche Aromaverbindungen für besondere Tage und Anlässe vor. Manchmal darf es ja ruhig etwas Neues und Besonderes sein: wie wäre es mit Whisky-Eis mit Brombeerpüree und Rosmarin oder Rum-Kokos-Eis mit marinierten Kumquats? Verwöhnen Sie sich und Ihre Gäste mit neuen Kreationen.

Whisky-Eis mit Brombeerpüree und Rosmarin

hochprozentiger Genuss

Zubereitung: ca. 35 Min. | Kühlen: ca. 30 Min. | Gefrieren: ca. 50 Min. | Pro Portion: ca. 355 kcal

Für 6 Portionen (ca. 700 g)

1 Vanilleschote
250 ml Vollmilch
300 g Sahne
3 Eigelb (Größe M)
90 g Zucker
6 EL schottischer Malt-Whisky
300 g Brombeeren (frisch oder TK)
1 EL Zitronensaft
1 – 2 EL Puderzucker
1 Zweig Rosmarin

Außerdem:

Eismaschine

1 Die Vanilleschote mit einem scharfen Messer längs aufschneiden und das Mark mit dem Messerrücken herauskratzen. Milch und Sahne mit dem Vanillemark und der -schote in einen Topf geben. Die Vanillesahne unter Rühren aufkochen und bei schwacher Hitze ca. 5 Min. köcheln lassen. Die Vanilleschote entfernen und die Vanillesahne beiseitestellen.

2 Die Eigelbe mit dem Zucker und dem Whisky in einer hitzebeständigen Rührschüssel mit einem Schneebesen gut verrühren. Die heiße Vanillesahne unter ständigem Rühren in die Eigelbmischung gießen. Über dem heißen Wasserbad (siehe Seite 11) mit dem Schneebesen in ca. 10 Min. cremig aufschlagen. Die Schüssel vom Wasserbad nehmen und noch ca. 5 Min. weiterrühren. Ca. 30 Min. zugedeckt in den Kühlschrank stellen.

3 Inzwischen die Brombeeren verlesen und kurz abbrausen. TK-Beeren auftauen lassen. Mit Zitronensaft und Puderzucker pürieren. Das Püree durch ein Sieb streichen. Den Rosmarin waschen und trocken tupfen, die Nadeln abzupfen und fein hacken.

4 Die Eismasse in die Eismaschine füllen und in ca. 50 Min. cremig fest gefrieren lassen. Das Brombeerpüree auf Gläser oder Schalen verteilen und jeweils 1–2 Kugeln Whisky-Eis daraufsetzen. Mit dem Rosmarin bestreuen und servieren.

Orangenblüteneis mit Orangen-Minze-Salat

marokkanisch inspiriert

Zubereitung: ca. 35 Min. | Kühlen: ca. 30 Min. | Gefrieren: ca. 50 Min. | Pro Portion: ca. 310 kcal

Für 6 Portionen (ca. 700 g)

Für das Eis:

200 g Zucker
3 TL getrocknete Orangenblüten (Apotheke oder Teeladen, ersatzweise 3 Beutel Orangenblütentee)
4 Eigelb (Größe M)
3 TL Orangenblütenwasser
1 Bio-Orange
200 g Sahne

Für den Salat:

3 Orangen
2 Stiele Pfefferminze
2 TL Orangenblütenwasser
1 EL Zitronensaft
¼ TL Zimtpulver

Außerdem:

Eismaschine

1 Für das Eis 350 ml Wasser mit 75 g Zucker aufkochen und kochen lassen, bis sich der Zucker aufgelöst hat. Die Orangenblüten dazugeben und ca. 15 Min. ziehen lassen. Durch ein Sieb in eine Schüssel gießen und die Blüten im Sieb etwas ausdrücken.

2 Die Eigelbe mit dem restlichen Zucker in einer hitzebeständigen Rührschüssel mit einem Schneebesen gut verrühren. Den warmen Orangenblütentee unter ständigem Rühren in die Eigelbmischung gießen. Über dem heißen Wasserbad (siehe Seite 11) mit dem Schneebesen in ca. 10 Min. cremig aufschlagen. Vom Wasserbad nehmen und noch ca. 5 Min. weiterrühren, dabei das Orangenblütenwasser dazugeben. Ca. 30 Min. zugedeckt in den Kühlschrank stellen.

3 Die Bio-Orange heiß waschen, abtrocknen und die Schale fein abreiben. Die Sahne steif schlagen und mit der Orangenschale unter die kalte Orangenblütenmasse ziehen. Die Eismasse in die Eismaschine füllen und in ca. 50 Min. cremig fest gefrieren lassen. Das Eis mit einem Gummispatel aus der Maschine schaben und sofort servieren oder in einer Gefrierbox mit Deckel tiefkühlen.

4 Während das Eis in der Maschine gefriert, für den Orangensalat die Orangen mit einem Messer so schälen, dass auch die weiße Haut entfernt wird. Die Orangenfilets zwischen den Trennhäuten herausschneiden. Die Pfefferminze waschen und trocken schütteln, die Blätter abzupfen und hacken. Pfefferminze, Orangenblütenwasser und Zitronensaft über die Orangenfilets geben und mischen. Mit Zimtpulver bestäubt zum Eis servieren.

Rum-Kokoseis mit Kumquats

mit Pfeffer und Kaffirlimette

Zubereitung: ca. 30 Min. | Ziehen: ca. 4 Std. + ca. 1 Std. | Gefrieren: ca. 50 Min. | Pro Portion: ca. 555 kcal

Für 6 Portionen (ca. 700 g)

300 g Kokosflocken
190 g Zucker
3 EL weißer Rum
200 g Bio-Kumquats
1 Bio-Limette
10 schwarze Pfefferkörner
4 Kaffirlimettenblätter (Asienladen)
375 g Sahne

Außerdem:

Eismaschine

1 Die Kokosflocken in eine Schüssel geben. 750 ml kochendes Wasser darübergießen und ca. 4 Std. zugedeckt ziehen lassen (kann auch über Nacht ziehen). Die eingeweichten Kokosflocken durch ein Sieb in einen Topf geben, die Kokosmasse im Sieb gut ausdrücken. Es sollten ca. 375 ml Kokoswasser im Topf sein. Die Kokosflocken wegwerfen. Das Kokoswasser mit 90 g Zucker aufkochen und auf ca. 300 ml einkochen lassen. Den Rum unterrühren und die Mischung ca. 1 Std. zugedeckt in den Kühlschrank stellen.

2 In der Zwischenzeit die Kumquats waschen, abtrocknen und halbieren. Eventuell vorhandene Kerne entfernen. Die Limette heiß waschen, abtrocknen und die Schale mit einem Sparschäler fein abschälen. Den Saft auspressen. 100 ml Wasser in einen Topf geben, die Limettenschale, den -saft, die Pfefferkörner, die Kaffirlimettenblätter und den restlichen Zucker dazugeben. Aufkochen lassen. Die Kumquats dazugeben und 5 Min. köcheln lassen. Auf der ausgeschalteten Herdplatte zugedeckt 1 Std. ziehen lassen.

3 Die Sahne unter die gekühlte Kokosmischung rühren und die Masse in der Eismaschine in ca. 50 Min. cremig fest gefrieren lassen. Mit dem Eisportionierer Eiskugeln formen und mit den marinierten Kumquats auf Tellern anrichten.

Clever variieren

Anstellte der Kumquats passen auch Clementinen sehr gut zum Pfeffersud. Dafür **4 Clementinen** schälen und filetieren. Den Sud aufkochen und ca. 5 Min. köcheln lassen. Die Fruchtfilets dazugeben und zugedeckt ca. 1 Std. ziehen lassen.

Gebackene Eispäckchen mit Thai-Früchten

Überraschung!

Zubereitung: ca. 40 Min. | Gefrieren: 2 x ca. 6 Std. | Pro Portion: ca. 415 kcal

Für 10 Portionen

Für die Eispäckchen:

1 Ei (Größe M)
3 Eigelb (Größe M)
Mark von 1 Vanilleschote
120 g Zucker
250 g Sahne
10 Filoteigblätter (türkischer Lebensmittelladen)
1 Eiweiß
1 l Erdnussöl zum Frittieren

Für die Thai-Früchte:

2 Stängel Zitronengras
60 g Zucker
250 ml frisch gepresster Orangensaft
2 Thai-Mangos
250 g Litschis

Außerdem:

1 Kastenform (30 cm lang) oder 1 ebenso lange Gefrierbox mit Deckel

1 Ei, Eigelbe, Vanillemark und Zucker in einer hitzebeständigen Schüssel gut verrühren. Über dem heißen Wasserbad (siehe Seite 11) mit dem Schneebesen in ca. 10 Min. cremig aufschlagen, in eine kalte Schüssel gießen und auf einem kalten Wasserbad (siehe Seite 11) ca. 10 Min. weiterrühren. Die Sahne steif schlagen und unterheben. In eine mit Frischhaltefolie ausgelegte 30 cm lange Kastenform oder Gefrierbox geben und mit Folie oder Deckel zugedeckt in ca. 6 Std. im Tiefkühlfach cremig fest gefrieren lassen.

2 Die Teigblätter ausbreiten, halbieren und die Kanten mit Eiweiß bestreichen. Das Eis aus der Form stürzen, die Folie abziehen und das Eis in 10 Scheiben schneiden. Die Scheiben halbieren. Je eine Eisportion in die Mitte eines Teigblattes legen und das Eis in den Teig wickeln. Die Päckchen ca. 6 Std. gefrieren lassen.

3 Für die Thai-Früchte das Zitronengras waschen und mit einem Topfboden andrücken. Klein schneiden und mit dem Zucker und dem Orangensaft aufkochen, ca. 8 Min. köcheln lassen, dann ca. 30 Min. ziehen lassen. Die Mangos schälen und das Fruchtfleisch in Spalten schneiden. Die Litschis schälen, halbieren und entkernen. Die Früchte in eine Schüssel geben. Den Orangensud durch ein Sieb dazugeben, ca. 2 Std. in den Kühlschrank stellen.

4 Das Öl in einem hohen Topf auf ca. 180° erhitzen. Die Eispäckchen darin portionsweise in wenigen Sek. goldgelb frittieren. Mit einem Schaumlöffel herausheben, auf Küchenpapier gut abtropfen lassen und sofort mit den Thai-Früchten servieren.

Zitroniges Granité
mit marinierten Brombeeren

wunderbar erfrischend

Zubereitung: ca. 30 Min. | Gefrieren: ca. 8 Std. | Pro Portion: ca. 195 kcal

Für 6 Portionen (ca. 500 g)

90 g Zucker
1 Zweig Zitronenthymian
150 ml Prosecco
90 ml Limoncello (ital. Zitronenlikör)
375 g Brombeeren (frisch oder TK)
½ Bio-Zitrone
1 gestr. TL Puderzucker
1 Päckchen Bourbon-Vanillezucker
2 TL Pistazienöl (Feinkosthandel)
1 EL Pistazien

Außerdem:

1 Gefrierbox mit Deckel

1 Den Zucker mit dem Zitronenthymian und 180 ml Wasser aufkochen und kochen lassen, bis sich der Zucker aufgelöst hat. 10 Min. ziehen lassen, dann den Thymian entfernen. Prosecco und Limoncello unterrühren. Die Mischung in eine längliche Gefrierbox mit Deckel (ca. 1 l Inhalt) umfüllen und zugedeckt ins Tiefkühlfach stellen. Die Masse nach ca. 1 Std. mit einer Gabel durchrühren. Diesen Vorgang viermal wiederholen. Das Granité insgesamt 8 Std. gefrieren lassen. Die Dessertschälchen oder -gläser mindestens 30 Min. vor dem Servieren in das Tiefkühlfach stellen.

2 Die Brombeeren kurz abbrausen, verlesen und halbieren. In eine Schüssel geben. Die halbe Zitrone heiß waschen und abtrocknen, die Schale abreiben und den Saft auspressen. Zitronensaft, Zitronenschale, Puderzucker, Vanillezucker, Pistazienöl und die halbierten Brombeeren in einer Schüssel mischen.

3 Die Pistazien fein hacken. Das Limoncello-Granité mit einem Löffel von der Oberfläche dünn abschaben und in die vorgeeisten Gläser schichten. Die marinierten Früchte darübergeben und mit den gehackten Pistazien bestreuen. Sofort servieren.

Clever einkaufen

Falls Sie kein Pistazienöl bekommen, können Sie auch neutrales Pflanzenöl, z. B. **Sonnenblumenöl,** mit 2 Tropfen **Bittermandelöl** mischen.

Kardamomeis mit Rumtrauben

Explosion der Aromen

Zubereitung: ca. 35 Min. | Kühlen: ca. 12 Std. | Gefrieren: ca. 50 Min. | Pro Portion: ca. 320 kcal

Für 8 Portionen (ca. 900 g)

Für das Eis:

12 Kardamomkapseln
500 ml Vollmilch
6 Eigelb (Größe M)
50 g Honig
100 g Zucker
150 g Crème double

Für die Rumtrauben:

300 g blaue und grüne Trauben
2 EL Mandelsplitter
4 EL brauner Rum
3 EL Blütenhonig
1 Stiel Zitronenverbene
1 kleiner Stiel Marokkanische Minze

Außerdem:

Eismaschine

1 Für das Eis die Kardamomkapseln aufbrechen. Mit der Milch zum Kochen bringen und ca. 10 Min. köcheln lassen. Durch ein Sieb gießen und beiseitestellen.

2 Die Eigelbe mit dem Honig und dem Zucker in einer hitzebeständigen Rührschüssel mit einem Schneebesen gut verrühren. Die heiße Kardamommilch unter ständigem Rühren in die Eigelbmischung gießen. Über dem heißen Wasserbad (siehe Seite 11) mit dem Schneebesen in ca. 10 Min. cremig aufschlagen. Vom Wasserbad nehmen und noch 5 Min. weiterrühren. Abkühlen lassen und abgedeckt über Nacht in den Kühlschrank stellen.

3 Die Crème double glatt rühren und unter die Eigelbmasse ziehen. Die Eismasse in die Eismaschine füllen und in ca. 50 Min. cremig fest gefrieren lassen.

4 Inzwischen für die Rumtrauben die Trauben waschen, halbieren und entkernen. Die Mandelsplitter in einer beschichteten Pfanne ohne Fett goldgelb rösten. Die Trauben in einer Schüssel mit dem Rum und dem Honig mischen, die Mandelsplitter dazugeben. Die Kräuter waschen und trocken schütteln, die Blättchen abzupfen und fein hacken. Unter die Rumtrauben mischen und zugedeckt ziehen lassen, bis das Eis fertig ist. Die Rumtrauben auf Schälchen verteilen und das Eis darauf anrichten.

Frozen Yogurt mit Mango und Safran

exklusiv

Zubereitung: ca. 25 Min. | Kühlen: ca. 15 Min. | Gefrieren: ca. 50 Min. | Pro Portion: ca. 160 kcal

Für 6 Portionen (ca. 700 g)

1 Mango (ca. 360 g Fruchtfleisch)
60 g Zucker
½ Vanilleschote
1 Döschen Safranfäden (0,1 g)
300 g Naturjoghurt (3,8 % Fett)
100 g Sahne

Außerdem:

Eismaschine | 1 Gefrierbox mit Deckel

1 Die Mango mit einem Sparschäler schälen und das Fruchtfleisch vom Kern lösen. Das Fruchtfleisch in kleine Würfel schneiden und mit dem Zucker in einen Topf geben. Die halbe Vanilleschote längs aufschneiden und dazugeben. Das Ganze zum Kochen bringen und unter Rühren köcheln lassen, bis sich der Zucker aufgelöst hat. Zugedeckt bei mittlerer Hitze ca. 5 Min. weiterköcheln lassen. Die Vanilleschote herausfischen.

2 Die Mangomasse mit dem Pürierstab oder im Mixer fein pürieren. Die Safranfäden dazugeben und untermixen. Joghurt und Sahne ebenfalls dazugeben und gründlich untermixen. Die Masse in eine Gefrierbox mit Deckel füllen und ca. 15 Min. zugedeckt in das Tiefkühlfach stellen.

3 Die gekühlte Eismasse in die Eismaschine füllen und in ca. 50 Min. cremig fest gefrieren lassen. Das Eis mit einem Gummispatel aus der Maschine schaben und sofort servieren oder in einer Gefrierbox mit Deckel tiefkühlen.

Clever variieren

Frozen Yogurt mit Banane

Die Mango durch **2 Bananen** ersetzen. Die Bananen fein zerdrücken und mit **etwas Zitronen- oder Limettensaft** beträufeln. Unter die Eismasse rühren. Anstatt des Safrans **2 EL fein gehackten kandierten Ingwer** dazugeben.

Frozen Yogurt mit Orangen-Kumquat-Kompott

Die Mango durch das ausgelöste Fruchtfleisch von **2 Orangen** ersetzen. Für das Kompott **100 g Bio-Kumquats** waschen, in feine Scheiben schneiden und gegebenenfalls entkernen. Kumquatscheiben mit **60 g Zucker** vermengen und ca. 30 Min. marinieren lassen. Die Kumquats mit dem Zucker in einer Pfanne bei starker Hitze karamellisieren lassen. Den ausgepressten **Saft von 1 Orange** dazugeben und den Karamell unter Rühren losköcheln. Abgekühlt zum Frozen Yogurt servieren.

Frozen Yogurt mit Ananas

Die Mango durch ca. **250 g Ananasfruchtfleisch** ersetzen. Hierfür eignet sich eine Babyananas von ca. 400 g perfekt, sie hat auch ein besonders feines Aroma. Den Safran durch **2 EL Limetten- oder Zitronensirup** ersetzen.

Curryeis auf Ananascarpaccio mit Korianderpesto

asiatisch erfrischend

Zubereitung: ca. 35 Min. | Kühlen: ca. 12 Std. | Gefrieren: ca. 50 Min. | Pro Portion: ca. 350 kcal

Für 6 Portionen (ca. 650 g)

½ Vanilleschote
200 ml Vollmilch
300 g Sahne
2 – 3 TL Madras-Currypulver
4 Eigelb (Größe M)
90 g Zucker
1 kleine Ananas (ca. 800 g)
4 – 5 Stiele Koriander
1 Stück frischer Ingwer (ca. 2 cm)
1 Bio-Limette
40 g Rohrzucker

Außerdem:

Eismaschine

1 Die halbe Vanilleschote mit einem scharfen Messer längs aufschneiden und das Mark mit dem Messerrücken herauskratzen. Die Milch und die Sahne mit Vanillemark und -schote und dem Currypulver in einen Topf geben. Die Vanillesahne unter Rühren aufkochen und bei schwacher Hitze ca. 5 Min. köcheln lassen. Beiseitestellen.

2 Die Eigelbe mit dem Zucker in einer hitzebeständigen Rührschüssel mit einem Schneebesen gut verrühren. Die heiße Vanillesahne unter ständigem Rühren in die Eigelbmischung gießen. Über dem heißen Wasserbad (siehe Seite 11) mit dem Schneebesen in ca. 10 Min. cremig aufschlagen. Vom Wasserbad nehmen und noch ca. 5 Min. weiterrühren. Abkühlen lassen und zugedeckt über Nacht in den Kühlschrank stellen.

3 Die Ananas schälen und in dünne Scheiben schneiden. Mit einem Apfel-Kernhaus-Ausstecher den Strunk aus den Ananasscheiben ausstechen. Den Koriander waschen und trocken schütteln, die Blättchen abzupfen und fein hacken. Den Ingwer schälen und fein reiben. Die Limette heiß waschen, trocken reiben, die Schale abreiben und den Saft auspressen. Koriander, Ingwer, Limettenschale und -saft mit dem Zucker mischen.

4 Die Eismischung aus dem Kühlschrank nehmen und die Vanilleschote entfernen. Die Eismasse in die Eismaschine füllen und in ca. 50 Min. cremig fest gefrieren lassen. Die Ananasscheiben kreisförmig auf Tellern anrichten. Jeweils eine Portion Eis in die Mitte setzen. Mit dem Pesto beträufeln und servieren.

Tonkabohneneis

mit dem gewissen Etwas

Zubereitung: ca. 25 Min. | Kühlen: ca. 12 Std. | Gefrieren: ca. 50 Min. | Pro Portion: ca. 280 kcal

Für 6 Portionen (ca. 700 g)

1 Tonkabohne
200 g Vollmilch
300 g Sahne
4 Eigelb (Größe M)
90 g Zucker
12 Cantuccini (ital. Mandelkekse) zum Garnieren (nach Belieben)

Außerdem:

Eismaschine

1 Die Tonkabohne auf einer feinen Reibe, z. B. einer Muskatnussreibe, reiben. Die Milch und die Sahne mit der geriebenen Tonkabohne in einen Topf geben, unter Rühren aufkochen und bei schwacher Hitze ca. 5 Min. köcheln lassen. Beiseitestellen.

2 Die Eigelbe mit dem Zucker in einer hitzebeständigen Rührschüssel mit einem Schneebesen gut verrühren. Die heiße Tonkabohnensahne unter ständigem Rühren in die Eigelbmischung gießen. Über dem heißen Wasserbad (siehe Seite 11) mit dem Schneebesen in ca. 10 Min. cremig aufschlagen. Vom Wasserbad nehmen und noch ca. 5 Min. weiterrühren. Abkühlen lassen und zugedeckt über Nacht in den Kühlschrank stellen.

3 Die Eismischung aus dem Kühlschrank nehmen und durch ein feines Sieb geben. Die Eismasse in die Eismaschine füllen und in ca. 50 Min. cremig fest gefrieren lassen. Das Tonkabohneneis mit einem Gummispatel aus der Maschine schaben und sofort auf Teller verteilen, nach Belieben mit je 2 Cantuccini garnieren und servieren. Oder in einer Gefrierbox mit Deckel tiefkühlen.

Info

Die **Tonkabohne** ist der getrocknete mandelförmige Samen des südamerikanischen Tonkabaumes. Sie vereinigt die betörenden Aromen von Vanille, Bittermandel und Waldmeister und bringt eine interessante Note an süße wie pikante Speisen. Da das Gewürz cumarinhaltig ist, sollte es sparsam verwendet werden.

Zitronengras-Kokos-Eis

mit Asia-Zitrusnote

Zubereitung: ca. 25 Min. | Kühlen: ca. 1 Std. | Gefrieren: ca. 50 Min. | Pro Portion: ca. 345 kcal

Für 6 Portionen (ca. 650 g)Für 6 Portionen (ca. 650 g)

300 g Sahne
300 ml Kokosmilch
3 Stängel Zitronengras
45 g Puderzucker
30 g Invertzucker (siehe S. 9)
3 Bio-Limetten
3 EL Kokoschips

Außerdem:

Eismaschine

1 Die Sahne mit der Kokosmilch in einem Topf aufkochen lassen. Das Zitronengras mit einem schweren Topf leicht andrücken, in kleine Stücke schneiden und dazugeben. Ca. 10 Min. bei mittlerer Hitze köcheln lassen. Den Puderzucker und den Invertzucker unterrühren.

2 2 Limetten heiß waschen, abtrocknen und die Schale von 1 ½ Früchten fein abreiben. Den Saft auspressen. Die Schale und den Saft unter die Sahne-Kokosmilch rühren. Abkühlen lassen und mind. 1 Std. in den Kühlschrank stellen.

3 Die Masse durch ein feines Sieb direkt in die Eismaschine streichen, dabei das Zitronengras im Sieb gut ausdrücken. Die Eismischung in der Eismaschine in ca. 50 Min. cremig fest gefrieren lassen.

4 Die Kokoschips nach Belieben in einer Pfanne ohne Fett hellbraun rösten. Das Eis mit einem Gummispatel aus der Maschine schaben und sofort mit den Kokoschips bestreut servieren oder in einer Gefrierbox mit Deckel tiefkühlen.

Clever variieren

Ein besonderes Zitronenaroma haben die Blätter des asiatischen Kaffirlimetten-Baums. Man bekommt sie im Asia-Laden frisch oder tiefgefroren. Für diese außergewöhnliche Zitrusnote ersetzen Sie das Zitronengras in der Kokosmilch durch **4 – 5 Kaffirlimettenblätter**.

Eierliköreis mit Zitrussauce und Beeren

verführerisch

Zubereitung: ca. 35 Min. | Kühlen: ca. 1 Std. | Gefrieren: ca. 50 Min. | Pro Portion: ca. 370 kcal

Für 6 Portionen (ca. 650 g)

Für das Eis:

250 ml Vollmilch
200 g Sahne
3 Eigelb (Größe M)
60 g Zucker
100 ml Eierlikör

Für die Zitrussauce:

1 Bio-Orange
1 Bio-Zitrone
1 Vanilleschote
100 g Rohrzucker
½ Zimtstange
1 Gewürznelke
1 frisches Lorbeerblatt
1 Banane
5 – 7 Basilikumblätter

Außerdem:

300 g gemischte Beeren (z. B. Brombeeren, Himbeeren, Heidelbeeren; ersatzweise gemischte TK-Beeren)
Eismaschine

1 Für das Eis die Milch und die Sahne in einen Topf geben und unter Rühren aufkochen. Bei schwacher Hitze ca. 5 Min. köcheln lassen. Beiseitestellen.

2 Die Eigelbe mit dem Zucker in einer hitzebeständigen Rührschüssel mit einem Schneebesen gut verrühren. Die heiße Sahnemischung unter ständigem Rühren in die Eigelbmischung gießen. Über dem heißen Wasserbad (siehe Seite 11) mit dem Schneebesen in ca. 10 Min. cremig aufschlagen. Die Masse in eine kalte Schüssel gießen. Auf ein kaltes Wasserbad (siehe Seite 11) setzen und ca. 10 Min. weiterrühren. Ca. 1 Std. in den Kühlschrank stellen.

3 Für die Zitrussauce die Orange und die Zitrone heiß waschen, abtrocknen und die Schalen mit einem Sparschäler abziehen. Beide Früchte auspressen. Die Vanilleschote längs aufschneiden und das Mark mit dem Messerrücken herauskratzen. Die Zitrusschalen mit 200 ml Wasser, dem Rohrzucker, dem Vanillemark und der -schote, der Zimtstange, der Nelke und dem Lorbeerblatt in einem Topf zum Kochen bringen. 5 Min. sprudelnd kochen lassen, dann den Sud bei schwacher Hitze 15 Min. ziehen lassen. Die Banane klein schneiden. Den Zitrussaft unter den Gewürzsud rühren, diesen durch ein Sieb in den Mixer geben und mit dem Basilikum und der Banane fein pürieren.

4 Den Eierlikör unter die Eismischung rühren und das Ganze in die Eismaschine füllen. In ca. 50 Min. cremig fest gefrieren lassen. Die Beeren verlesen, TK-Früchte antauen lassen. Die Zitrussauce auf Schalen verteilen, die Beeren dazugeben, je 1 große Kugel Eis in die Mitte setzen und servieren.

Chili-Macadamianuss-Eis

mit Cassis-Feigen

hot & spicy

Zubereitung: ca. 30 Min. | Kühlen: ca. 1 Std. | Gefrieren: ca. 50 Min. | Pro Portion: ca. 395 kcal

Für 6 Portionen (ca. 700 g)

Für das Eis:

65 g gesalzene Macadamianüsse
½ Vanilleschote
400 ml Vollmilch
125 g Sahne
1 – 2 getrocknete Chilischoten
4 Eigelb (Größe M)
90 g Zucker

Für die Feigen:

75 g Rohrzucker
250 ml ungesüßter Schwarzer Johannisbeersaft
1 Zimtstange
2 Gewürznelken
6 frische reife Feigen

Außerdem:

Eismaschine

1 Von den Nüssen 2 EL für die Garnierung abnehmen, die restlichen Nüsse mit einem Tuch abreiben und fein hacken. Die halbe Vanilleschote mit einem scharfen Messer längs aufschneiden und das Mark mit dem Messerrücken herauskratzen. Milch und Sahne mit dem Vanillemark, der -schote und den Chilischoten in einen Topf geben. Sahne unter Rühren aufkochen und bei schwacher Hitze ca. 5 Min. köcheln lassen. Durch ein Sieb gießen und beiseitestellen.

2 Die Eigelbe mit dem Zucker in einer hitzebeständigen Rührschüssel mit einem Schneebesen gut verrühren. Die heiße Vanillesahne unter ständigem Rühren in die Eigelbmischung gießen. Über dem heißen Wasserbad (siehe Seite 11) mit dem Schneebesen in ca. 10 Min. cremig aufschlagen. Die Masse in eine kalte Schüssel gießen. Auf ein kaltes Wasserbad (siehe Seite 11) setzen und ca. 10 Min. weiterrühren. Die gehackten Nüsse unterrühren und die Masse ca. 1 Std. in den Kühlschrank stellen.

3 Für die Feigen den Rohrzucker in einem Topf karamellisieren lassen (siehe Seite 11). Mit dem Johannisbeersaft ablöschen. Die Zimtstange und die Nelken dazugeben. Offen ca. 10 Min. sprudelnd kochen lassen. Die Feigen waschen, in den heißen Sud legen und darin auskühlen lassen.

4 Die Eismasse in die Eismaschine füllen und in ca. 50 Min. cremig fest gefrieren lassen. Inzwischen die Feigen aus dem Sud nehmen und klein schneiden. Den Sud nochmals erhitzen und sirupartig einkochen lassen. Die restlichen Macadamianüsse hacken und über das Eis streuen. Die Feigen mit dem eingekochten Sud dazu servieren.

Sekt-Holunderblüten-Sorbet

eisgekühlter »Hugo«

Zubereitung: ca. 20 Min. | Kühlen: ca. 10 Min. | Gefrieren: ca. 50 Min. | Pro Portion: ca. 140 kcal

Für 6 Portionen (ca. 700 g)

1 Bio-Limette | 300 ml Holunderblütensirup | 20 Blätter frische Minze | 300 ml eisgekühlter Rieslingsekt | Limettenviertel und Minzeblätter zum Garnieren

Außerdem:

Eismaschine

1 Die Limette heiß waschen, abtrocknen und mit einem Sparschäler die grüne Schale dünn abschneiden. Die darunter liegende weiße Haut mit einem scharfen Messer komplett wegschneiden. Die Limette in kleine Würfel schneiden. Limettenschale und Fruchtfleisch mit dem Holunderblütensirup in den Mixer geben und alles fein pürieren.

2 Die Minzeblätter dazugeben und ebenfalls pürieren. Diese Mischung in einer Gefrierbox ca. 10 Min. in das Tiefkühlfach stellen.

3 Die Limettenmischung mit dem Sekt und 100 ml Wasser vermischen und in die Eismaschine einfüllen. In ca. 50 Min. zu einem Sorbet gefrieren lassen. Das Sorbet in Gläser füllen und mit Limettenvierteln und Minzeblättern garnieren.

Champagner-Mangostanen-Sorbet

pure Exotik mit Schuss

Zubereitung: ca. 15 Min. | Gefrieren: ca. 30 Min. | Pro Portion: ca. 90 kcal

Für 6 Portionen (ca. 350 g)

6 Mangostanen | 120 ml trockener Champagner | 1 Eiweiß (Größe M) | Salz | 50 g Zucker | 1 Bio-Limette

Außerdem:

Eismaschine

1 Die dicke Schale der Mangostanen mit dem Messer einschneiden und die Früchte öffnen. Die weißen Fruchtsegmente herauslösen, dabei die harten Kerne abschneiden. Das Fruchtfleisch mit dem Pürierstab pürieren und durch ein Sieb streichen. Es sollen 130 g sein. Den Champagner unter das Fruchtpüree rühren.

2 Das Eiweiß mit 1 Prise Salz und dem Zucker steif schlagen und unter die Champagnermasse heben. Die Sorbetmasse in die Eismaschine einfüllen und in ca. 30 Min. cremig fest gefrieren lassen.

3 Die Limette heiß waschen, abtrocknen und aus der Mitte 6 dünne Scheiben schneiden. Das Sorbet auf Gläser verteilen und mit den Limettenscheiben garniert servieren.

vorne und links: Sekt-Holunderblüten-Sorbet | hinten: Champagner-Mangostanen-Sorbet

EISDESSERTS VOM FEINSTEN

Eis im festlichen Gewand, fein, opulent und schön in Form gebracht. Das sind eiskalte Hingucker für Fest- und Feiertage aus dem Eisparadies, das rundum das ganze Jahr für Sie geöffnet hat: Verführerische Eiskuchen oder -torten und feinste Eistörtchen lassen sich außerdem gut vorbereiten und werden zum Abschluss eines tollen Menüs alle begeistern.

Vin-Santo-Cantuccini-Eiskuchen

italienisches Festtagsdessert

Zubereitung: ca. 25 Min. | Kühlen: ca. 20 Min. | Gefrieren: ca. 3 Std. | Pro Portion: ca. 385 kcal

Für 8 Portionen (ca. 800 g)

200 g Sahne
4 Eigelb (Größe M)
200 g Crème double
70 g Zucker
100 ml Vin Santo (ital. Dessertwein)
100 g Cantuccini (ital. Mandelkekse)
80 g gebrannte Mandeln (siehe S. 15)

Außerdem:

Eismaschine
1 längliche Eisform oder Gefrierbox (ca. 1 l Inhalt)

1 Die Sahne in einem Topf erhitzen. Die Eigelbe mit der Crème double, dem Zucker und dem Vin Santo in einer hitzebeständigen Rührschüssel mit dem Schneebesen gut verrühren. Die heiße Sahne unter ständigem Rühren in die Eigelbmischung gießen. Über dem heißen Wasserbad (siehe Seite 11) mit dem Schneebesen in ca. 10 Min. cremig aufschlagen. Die Masse in eine kalte Schüssel gießen, auf ein kaltes Wasserbad (siehe Seite 11) setzen und noch ca. 10 Min. weiterrühren. Zugedeckt ca. 20 Min. in das Tiefkühlfach stellen.

2 Die gekühlte Eismasse in die Eismaschine füllen und in ca. 50 Min. cremig fest gefrieren lassen. Eine längliche Eisform oder Gefrierbox (ca. 1 l Inhalt) mit Frischhaltefolie auslegen. Zwei Drittel der Cantuccini grob hacken und unter das Eis mischen. Die Eismasse mind. 2 Std. im Tiefkühlfach gefrieren lassen.

3 Die Eisform ca. 20 Min. vor dem Servieren aus dem Tiefkühlfach holen. Die restlichen Cantuccini und die gebrannten Mandeln hacken. Das Eis auf eine Platte stürzen, die Folie abziehen und den Eiskuchen mit Cantuccini und gebrannten Mandeln bestreuen.

Nougat glacé mit Himbeer-Estragon-Sauce

Französischer Klassiker in neuer Form

Zubereitung: ca. 35 Min. | Gefrieren: ca. 6 Std. | Pro Portion: ca. 350 kcal

Für 1 Kastenform von 30 cm Länge (10 Portionen)

Für das Nougat glacé:

200 g gehäutete Mandeln
200 g Puderzucker
4 Eier (Größe M)
Salz
1 Vanilleschote
abgeriebene Schale von 1 Bio-Orange
Zimtpulver
250 g Crème double

Für die Sauce:

300 g Himbeeren
1 TL Zitronensaft
1 EL Puderzucker
2 Stiele Estragon

1 Den Backofen auf 220° vorheizen. Die Mandeln auf einem Backblech verteilen und im heißen Ofen ca. 6 Min. rösten. 170 g Puderzucker mit 7 EL Wasser in einer Pfanne unter Rühren bei mittlerer Hitze goldgelb karamellisieren lassen (siehe Seite 11). Die Mandeln untermischen und darin wenden, bis sie rundherum mit Karamell bedeckt sind. Ein Brett mit Alufolie belegen, die Mandelmasse daraufstreichen und fest werden lassen.

2 Inzwischen für die Sauce die Himbeeren verlesen und mit dem Zitronensaft, dem Puderzucker und 1–2 TL abgezupften Estragonblättchen fein pürieren. Die Sauce zugedeckt bis zum Servieren in den Kühlschrank stellen.

3 Die Eier trennen. Die Eiweiße mit 1 Prise Salz steif schlagen. Die Vanilleschote längs aufschneiden und das Mark mit dem Messerrücken herauskratzen. Die Orange heiß waschen, abtrocknen und die Schale fein abreiben. Die Eigelbe mit dem restlichen Puderzucker, dem Vanillemark, der Orangenschale und 2–3 Prisen Zimtpulver schaumig rühren. Die erkaltete Mandelmasse mittelgrob hacken und mit der Eigelbmasse und der Crème double verrühren. Den Eischnee mit einem Spatel unterziehen.

4 Die Kastenform mit Frischhaltefolie auslegen und die Eismasse einfüllen. Ca. 6 Std. gefrieren lassen. Die Form kurz vor dem Servieren kurz in heißes Wasser tauchen, das Eis auf eine Platte stürzen und mit einem scharfen Messer in Scheiben schneiden. Die Sauce dazu servieren. Nach Belieben mit Estragonblättchen garnieren.

Eisgekühlte Zitronen-Pie

Lässt sich gut vorbereiten

Zubereitung: ca. 35 Min. | Kühlen: ca. 1 Std. | Backen: ca. 25 Min. | Gefrieren: ca. 3 Std. | Pro Stück: ca. 335 kcal

Für 1 Pie-Form von 26 cm Ø (12 Stücke)

Für den Teig:

200 g Mehl
Salz
1 Päckchen Bourbon-Vanillezucker
100 g eiskalte Butter

Für das Eis:

4 – 5 Zitronen (davon 2 Bio-Zitronen)
400 g gesüßte Kondensmilch
250 g Sahne

Für die Garnitur:

1 kleiner Granatapfel
2 EL gehackte Pistazien
2 fertige Baisers (je ca. 60 g)

Außerdem:

Mehl zum Arbeiten
Butter und Mehl für die Form
Hülsenfrüchte zum Blindbacken

1 Für den Teig das Mehl mit 1 Prise Salz und dem Vanillezucker in einer großen Schüssel mischen. Die eiskalte Butter mit einer groben Reibe dazureiben. 50 ml Wasser hinzufügen und alle Zutaten schnell zu einem Teig kneten. Zugedeckt mindestens 1 Std. in den Kühlschrank stellen.

2 Den Backofen auf 200° vorheizen. Den Teig auf etwas Mehl rund ausrollen. Die Form buttern und mit Mehl ausstäuben. Den Teig hineinlegen und einen Rand formen. Teig leicht andrücken. Mit einer Gabel mehrmals einstechen und mit Backpapier belegen. Hülsenfrüchte darauf verteilen und den Teig im Ofen (Mitte) 15 – 20 Min. blind backen. Backpapier und Hülsenfrüchte entfernen und den Teig in ca. 5 Min. goldgelb backen. Erkalten lassen.

3 Für das Eis die Bio-Zitronen heiß waschen, abtrocknen und die Schale fein abreiben. So viele Zitronen auspressen, bis man 125 ml Saft erhält. Den Saft durch ein Teesieb in eine Schüssel gießen. Die Kondensmilch und die Zitronenschale dazugeben und alle Zutaten mit einem Schneebesen verrühren. Die Sahne steif schlagen und mit einem Spatel unter die Zitronenmasse heben. Die Masse auf den abgekühlten Teig streichen und in ca. 3 Std. gefrieren lassen.

4 Die Pie ca. 30 Min. vor dem Servieren aus dem Tiefkühlfach nehmen. Für die Garnitur den Granatapfel halbieren. Eine Hälfte über eine große Schüssel halten und mit einem Holzlöffel auf den Granatapfel schlagen, sodass die Kerne herausfallen (Vorsicht, das spritzt!). Die Trennhäutchen entfernen. Mit der anderen Granatapfelhälfte genauso verfahren. Die Tarte mit den Granatapfelkernen, den Pistazien und den zerkrümelten Baisers bestreuen. In 12 Stücke schneiden und servieren.

Bananen-Eistorte mit Schoko-Granola

Die lieben alle!

Zubereitung: ca. 25 Min. | Gefrieren: ca. 4 Std. | Bei 12 Portionen pro Portion: ca. 200 kcal

Für 1 Eisform von 1,5 l Inhalt (10–12 Portionen)

Für die Granola:

1 EL brauner Zucker
2 EL kernige Haferflocken
1 EL Sonnenblumenkerne
2 EL Mandelsplitter
1 EL Kokosflocken
2 Msp. Zimtpulver
40 g Zartbitterschokolade (70 % Kakao)

Für die Eistorte:

4 Bananen
1 EL Zitronensaft
3–4 EL Honig
120 g Naturjoghurt (3,8 % Fett)
320 g Sahne

1 Für die Granola braunen Zucker, Haferflocken, Sonnenblumenkerne, Mandelsplitter, Kokosflocken und Zimt in einer beschichteten Pfanne bei mittlerer Hitze rösten, bis der Zucker karamellisiert ist. Zum Abkühlen auf einen Teller geben. Die Schokolade fein hacken und unter die abgekühlte Granola mischen.

2 Für die Eistorte die Bananen schälen und das Fruchtfleisch mit einer Gabel zerdrücken. 360 g Fruchtfleisch abwiegen. Den Zitronensaft, 3 EL Honig und den Joghurt unter das Bananenmus rühren. Die Sahne steif schlagen und unterheben. Die Masse abschmecken, eventuell mit etwas Honig nachsüßen. Von der Schoko-Granola 3 EL zum Garnieren abnehmen, die restliche Granola unter die Eismasse heben.

3 Die Eismasse in eine schöne Form, z. B. eine Kranz- oder Gugelhupf-Eisform, füllen. Im Tiefkühlfach mindestens 4 Std. gefrieren lassen. Die Eisform ca. 20 Min. vor dem Servieren herausholen. Die Eistorte portionieren, mit der restlichen Granola bestreuen und nach Belieben mit etwas Schokoladensauce (siehe Seite 39) servieren.

Eistartelettes Linzer Art

eiskalte Grüße aus Österreich

Zubereitung: ca. 35 Min. | Gefrieren: ca. 1 Std. + ca. 3 Std. | Pro Stück: ca. 220 kcal

Für 10 Stück

90 g Zucker
40 g Haselnusskerne
2 Eier (Größe M)
1 gestrichener TL Zimtpulver
3 Msp. Nelkenpulver
1 Msp. abgeriebene Schale von 1 Bio-Zitrone
Salz
350 g Sahne
120 g Rote Johannisbeerkonfitüre
1 Päckchen Bourbon-Vanillezucker
2 EL Haselnussblättchen

Außerdem:

10 Tarteletteförmchen, z. B. aus Silikon (8 cm Ø)
Spritzbeutel

1 30 g Zucker mit 1 EL Wasser in einer Pfanne aufkochen und karamellisieren lassen (siehe Seite 11). Die Haselnüsse dazugeben und unter Rühren rundherum mit dem Karamell überziehen. Die karamellisierten Nüsse auf einem doppelt gefalteten Backpapier verteilen und erkalten lassen.

2 150 ml Wasser mit dem restlichen Zucker in einem Topf aufkochen lassen. Ca. 5 Min. sprudelnd kochen lassen, bis sich der Zucker aufgelöst hat. Den Sirup ca. 5 Min. abkühlen lassen.

3 Die Eier trennen. Den Zuckersirup mit den Eigelben in einer hitzebeständigen Rührschüssel mit einem Schneebesen gut verrühren. Über dem heißen Wasserbad (siehe Seite 11) mit dem Schneebesen in ca. 10 Min. leicht dicklich aufschlagen. Die Eiercreme mit dem Zimt, dem Nelkenpulver und der Zitronenschale aromatisieren. Die Eiweiße mit 1 Prise Salz steif schlagen. 200 g Sahne ebenfalls steif schlagen. Die karamellisierten Haselnüsse hacken und mit dem Eischnee und der geschlagenen Sahne unter die Creme heben.

4 Die Eismasse auf die Förmchen verteilen und glatt streichen. Im Tiefkühlfach ca. 1 Std. anfrieren lassen. Die Konfitüre mit 1 EL Wasser glatt rühren, bei Bedarf durch ein Sieb streichen. Die Konfitüre auf die Tartelettes streichen. Die restliche Sahne mit dem Vanillezucker steif schlagen. In einen Spritzbeutel füllen und gitterförmig auf die Tartelettes spritzen. Mit den Haselnussblättchen garnieren und nochmals ca. 3 Std. gefrieren lassen.

1

2

3

Limetten-Eistörtchen

eisige kleine Sünden

Zubereitung: ca. 30 Min. | Gefrieren: mind. 5 Std. | Pro Stück: ca. 170 kcal

Für 8 Stück

6 – 8 Orangenkekse
2 Bio-Limetten
120 g Sahne
2 Eier (Größe M)
70 g Zucker
Salz
6 TL Limetten- oder Orangensirup

Außerdem:

1 Muffinform mit 12 Mulden (à ca. 100 ml Inhalt)

1 Die Mulden der Muffinform so mit Frischhaltefolie auslegen, dass die Folie übersteht (**Bild 1**). Die Orangenkekse zerkrümeln und auf die Mulden verteilen.

2 Die Limetten heiß waschen und abtrocknen. Die Schale von 1 Limette fein abreiben und den Saft auspressen. Von der anderen Limette aus der Mitte 6 hauchdünne Scheiben schneiden. Die Sahne steif schlagen und zugedeckt kalt stellen. Die Eier trennen. Die Eigelbe mit der Limettenschale und der Hälfte des Zuckers mit den Quirlen des Handrührgeräts ca. 5 Min. cremig rühren. Den Limettensaft unterrühren.

3 Die Eiweiße mit 1 Prise Salz aufschlagen. Den restlichen Zucker nach und nach einrieseln lassen und steif schlagen. Den Eischnee und die Sahne gleichmäßig mithilfe eines Schneebesens unter die Eigelbmasse ziehen (**Bild 2**). Die Eismasse gleichmäßig auf die Mulden verteilen (**Bild 3**) und jeweils mit 1 Limettenscheibe belegen.

4 Die Törtchen mindestens 5 Std. gefrieren lassen. Die Eistörtchen mithilfe der Folie aus den Mulden heben und auf Teller setzen. Mit Limetten- oder Orangensirup beträufeln, ca. 10 Min. antauen lassen und dann servieren.

Schokoladen-Soufflés mit Amarenakirschen

Schön schokoladig und fruchtig

Zubereitung: ca. 30 Min. | Gefrieren: mind. 4 Std. | Pro Stück: ca. 360 kcal

Für 6 Stück

100 g Zartbitterschokolade (70 % Kakao)
2 Eier (Größe M)
60 g Zucker
60 g Amarenakirschen (aus dem Glas)
2 EL Cognac (nach Belieben)
Salz
330 g Sahne
etwas Kakaopulver
6 TL Einlegeflüssigkeit der Amarenakirschen

Außerdem:

6 Soufflé-Förmchen (à 100 ml Inhalt)

1 Die Schokolade grob hacken und über dem heißen Wasserbad (siehe Seite 11) schmelzen. Die Eier trennen und die Eigelbe mit dem Zucker in einer hitzebeständigen Rührschüssel mit einem Schneebesen gut verrühren. Die Masse unter ständigem Rühren über dem heißen Wasserbad (siehe Seite 11) mit dem Schneebesen cremig aufschlagen. Die Masse in eine kalte Schüssel gießen, diese auf ein kaltes Wasserbad (siehe Seite 11) setzen und noch ca. 10 Min. weiterrühren.

2 Die Amarenakirschen klein schneiden. Den Cognac nach Belieben, die geschmolzene Schokolade und die Kirschen unter die erkaltete Eigelbmischung rühren.

3 Die Eiweiße mit 1 Prise Salz steif schlagen und zugedeckt kalt stellen. Die Sahne ebenfalls steif schlagen. Eischnee und geschlagene Sahne unter die Schokoladenmischung heben.

4 Die Eismasse in die Förmchen einfüllen und mind. 4 Std. gefrieren lassen. Die Soufflés ca. 15 Min. vor dem Servieren aus dem Tiefkühlfach nehmen und die Oberfläche mit Kakaopulver bestäuben. Mit einem Kugelausstecher aus der Oberfläche vorsichtig eine Kugel ausstechen, sodass ein Loch entsteht. Je 1 TL Amarenasirup in jedes Loch träufeln. Die Soufflés sofort servieren.

Clever zubereiten

Wenn die Förmchen zu klein sind, 6 Bogen Backpapier zweimal längs zu ca. 9 cm breiten Streifen zusammenfalten. An jedem Förmchen mit Klebstreifen einen Streifen Backpapier befestigen. Papierstreifen vor dem Bestäuben mit Kakao entfernen.

Flambiertes Zimteis

flammendes Eisvergnügen

Zubereitung: ca. 35 Min. | Ziehen: ca. 1 Std. | Kühlen: 1 Std. | Gefrieren: ca. 1 Std. + 50 Min. | Pro Portion: ca. 260 kcal

Für 8 Portionen

450 ml Vollmilch
3 Zimtstangen
200 g Zucker
150 g Sahne
4 Eigelb (Größe M)
1 Päckchen Bourbon-Vanillezucker
2 EL Zitronensaft
2 kleine Birnen
100 ml Birnengeist

Außerdem:

Eismaschine
8 Kaffeetassen (à 200 ml Inhalt)

1 Die Milch mit den Zimtstangen in einem Topf aufkochen lassen. Auf der ausgeschalteten Platte ca. 1 Std. ziehen lassen. Zimtstangen herausfischen und beiseitelegen. 150 g Zucker in einer Pfanne karamellisieren lassen (siehe Seite 11) und die Sahne dazugießen. Unter Rühren bei schwacher Hitze köcheln lassen, bis sich der Karamell aufgelöst hat.

2 Die Eigelbe in einer hitzebeständigen Rührschüssel mit einem Schneebesen gut verrühren. Die Zimtmilch mit der Karamellsahne mischen und unter ständigem Rühren in die Eigelbe gießen. Über dem heißen Wasserbad (siehe Seite 11) mit dem Schneebesen in ca. 10 Min. cremig aufschlagen. Die Masse in eine kalte Schüssel gießen, diese auf ein kaltes Wasserbad (siehe Seite 11) setzen und noch ca. 10 Min. weiterrühren. Ca. 1 Std. zugedeckt in den Kühlschrank stellen.

3 200 ml Wasser mit dem restlichen Zucker, dem Vanillezucker, dem Zitronensaft und den Zimtstangen in einem Topf aufkochen lassen. Die Birnen schälen, vierteln und vom Kerngehäuse befreien. Die Birnenviertel im Sud bei mittlerer Hitze in ca. 10 Min. weich garen. Abkühlen lassen.

4 Die Eismasse in die Eismaschine füllen und in ca. 50 Min. cremig fest gefrieren lassen. Die Birnenviertel in kleine Würfel schneiden. 8 Kaffeetassen mit Frischhaltefolie auslegen. Die Hälfte des Zimteises auf die Tassen verteilen. Die Birnenwürfel daraufgeben und mit dem restlichen Eis auffüllen. Im Tiefkühlfach ca. 1 Std. fest gefrieren lassen.

5 Zum Flambieren: Kurz vor dem Servieren den Birnengeist in einem Topf erwärmen. Das Eis auf Teller stürzen und die Folie entfernen. Den Alkohol in eine Schöpfkelle geben, anzünden und über das Eis gießen, sofort servieren.

Mokkaeis mit Kardamom-Kaffee-Krokant

kleiner Schwarzer eiskalt

Zubereitung: ca. 35 Min. | Kühlen: ca. 1 Std. | Gefrieren: ca. 50 Min. | Pro Portion: ca. 225 kcal

Für 6 Portionen (ca. 500 g)

Für den Krokant:

5 Kardamomkapseln
2 TL Kaffeebohnen
1 EL Pistazien
40 g Rohrzucker
abgeriebene Schale von 1 Bio-Orange

Für das Eis:

1 Eiweiß (Größe M)
Salz
225 g Sahne
3 Eigelb (Größe M)
45 g Zucker
1 EL Mokkalikör (nach Belieben)
2 EL starker Espresso

Außerdem:

Eismaschine

1 Für den Krokant die Kardamomkapseln aufbrechen und die Samen herauslösen. Die Kardamomsamen mit den Kaffeebohnen in einem Mörser zerstoßen. Die Pistazien hacken. Den Rohrzucker in einer Pfanne goldbraun karamellisieren lassen (siehe Seite 11). Die Kardamom-Kaffee-Mischung und die Pistazien dazugeben und kurz anrösten. Die abgeriebene Orangenschale unterrühren und die Masse auf einen doppelt gefalteten Bogen Backpapier streichen. Erkalten lassen.

2 Für das Eis das Eiweiß mit 1 Prise Salz in einer Schüssel steif schlagen. Die Sahne in einer zweiten Schüssel steif schlagen und beides zugedeckt kalt stellen. Die Eigelbe mit dem Zucker, dem Likör nach Belieben und dem Espresso mit den Quirlen des Handrührgerätes schaumig aufschlagen. Die Sahne und den Eischnee unter die Eigelbmasse ziehen.

3 Die Eismasse in die Eismaschine füllen und in ca. 50 Min. cremig fest gefrieren lassen. Den erkalteten Krokant mit einem scharfen Messer fein hacken. Die Hälfte des Krokants in den letzten 5 Min. zu dem Eis in die laufende Maschine geben. Das fertige Eis auf Teegläser verteilen und mit dem übrigen Krokant bestreuen.

A

B

C

E

F

G

H

Die Autorin

Christina Richon ist Kochbuch- und Rezeptautorin für namhafte Firmen und Verlage. Außerdem entwickelt sie kulinarische Projekte für Restaurants und die Industrie. Ihre Art zu kochen und zu backen nennt sie »kulinarische Aromatherapie«. So schenkt sie uns in diesem Buch unwiderstehliche Eisrezepte gespickt mit Blüten, Gewürzen und Aromen aus aller Welt.

Die Fotografin

Jana Liebenstein lebt und arbeitet in Melbourne. Ihr Schwerpunkt liegt im Bereich Food, aber auch für People und Travel hat sie ein geschultes Auge. Ein großes Dankeschön geht an **Suzanne Tipton** für das Zubereiten der leckeren Eiscremes und Sorbets und an die Stylistin **Lisa La Barbera**. Danke auch an **Portier** für das Ausleihen der wunderschönen Requisiten und an **Altimate Foods**.

Syndication: www.jalag-syndication.de

Projektleitung: Monika Greiner

Lektorat: Katharina Lisson

Korrektorat: Ulrike Wagner

Innen- und Umschlaggestaltung: independent MedienDesign, Horst Moser, München

Herstellung: Markus Plötz

Satz: Knipping Werbung GmbH, Berg am Starnberger See

Reproduktion: Longo AG, Bozen

Druck und Bindung: Printer Trento, Trient

ISBN 978-3-8338-3782-1

2. Auflage 2014

www.facebook.com/gu.verlag

QUALITÄTS G|U GARANTIE

Liebe Leserin, lieber Leser,

haben wir Ihre Erwartungen erfüllt? Sind Sie mit diesem Buch zufrieden? Haben Sie weitere Fragen zu diesem Thema? Wir freuen uns auf Ihre Rückmeldung, auf Lob, Kritik und Anregungen, damit wir für Sie immer besser werden können.

GRÄFE UND UNZER Verlag
Leserservice
Postfach 86 03 13
81630 München
E-Mail:
leserservice@graefe-und-unzer.de

Telefon: 00800/72 37 33 33*
Telefax: 00800/50 12 05 44*
Mo–Do: 8.00–18.00 Uhr
Fr: 8.00–16.00 Uhr
(gebührenfrei in D, A, CH)*

Ihr GRÄFE UND UNZER Verlag
Der erste Ratgeberverlag – seit 1722.

GRÄFE UND UNZER

Ein Unternehmen der
GANSKE VERLAGSGRUPPE